Titolo originale dell'edizione francese:
Balade Royale

ISBN 978-88-9367-581-9

Per essere informato sulle novità
del Gruppo editoriale Mauri Spagnol visita:
www.illibraio.it

Traduzione: Nicola Jacchia
Illustrazioni di copertina e interne: Saboten

www.magazzinisalani.it

Mathias Lavorel

DIARIO DI UN ~~NABBO~~ PRO REALE

Romanzo

MAGAZZINI SALANI

1

DOCCIA FREDDA

NO... NO... NO... NOOOOOOO... AAAAAHHH...

No! Non è possibile… Non adesso… È troppo presto!

Mi chiamo Paul. Fra meno di un anno dovrei festeggiare i miei diciotto anni. Fra poco, invece, morirò.

Sto precipitando in caduta libera come un sasso lanciato da una scogliera. Più passano i secondi e più la terraferma si avvicina. Manca poco, ormai, prima di sfracellarmi al suolo e finire in poltiglia.

GLUP...

Un insetto o chissà quale altro corpo estraneo mi si è appena infilato in gola. Fantastico! Sto precipitando e nessuno può più nemmeno sentirmi gridare.

Mi bruciano gli occhi, il vento cerca di infiltrarsi in ogni angolo del corpo e sento solletico dappertutto, manco avessi un ragno nelle mutande. Se almeno riuscissi a rigirarmi, magari potrei godermi un po' più dignitosamente i miei ultimi istanti.

GNNN... AAAAHH... MMMMFF... AAAAHH...

A prezzo di un ultimo sforzo, riesco finalmente a stabilizzarmi come un aeroplano. Questo purtroppo non significa che io possa volare. Ma almeno assomiglio più a un agente segreto in un film di James Bond che al peluche della mia sorellina dopo due ore di macchina passate nella sua bocca.

È triste andarsene così giovani. E, fra l'altro, senza nemmeno aver potuto esplorare la grande isola che si stende proprio sotto di me. Radiosa, colorata, coperta di vegetazione, con un grande lago, e un deserto. Riesco addirittura a scorgere città, edifici, fattorie, un campo da calcio, persino delle piscine. E a me piace così tanto fare sport...

Ancora più triste è sapere che solo poche ore prima di finire in questa situazione, ero riuscito a ottenere il primo ruolo della mia vita. Come comparsa, ovviamente, ma in una grande produzione! Avrei fatto strada, ne sono certo. Ed eccola, invece, la stella nascente del cinema, che precipita all'inferno e a tutta velocità. Una carriera che si schianta ancor prima di decollare.

È difficile rendere l'idea ma, in caduta libera, la terraferma si avvicina a una velocità impressionante... Il paesaggio sta cominciando a delinearsi molto chiaramente, scorgo sempre più dettagli, un po' come se zoomassi

su una foto del mio cellulare. Potrei iniziare un conto alla rovescia. No, lasciamo perdere, è un'idea squallida. Potrei invece cercare di dirigermi verso un grande albero, un lago, il mare… magari riuscirei a cavarmela. Naaah, va tutto troppo veloce! Sono spacciato, non ci sono dubbi!

Dieci minuti prima

Non mi ispira molto questo bus. Ma fra pochi minuti sarò finalmente su un set cinematografico, e mi basta questo per essere pronto a tutto! In ogni caso, non so chi sia l'ingegnere responsabile di quest'obbrobrio meccanico, però una cosa è certa: è uno squilibrato fatto e finito. Ha preso un vecchio bus americano e, per farlo volare, ci ha sistemato sopra una turbina con un pallone aerostatico. Su ragazzi, quando capirete che non tutti i sogni di quando eravamo bambini sono fatti per essere realizzati? Per non parlare dell'autista… per coprire lo stridio delle lamiere non ha trovato nulla di meglio che sparare musica a tutto volume. Così, nello schianto di questa anticaglia, non solo ci lasceremo tutti le penne ma diventeremo anche sordi. Fantastico! Comunque, ho un bel criticare, ma abbiamo tutti dei piccoli stratagemmi per difenderci dalle contrarietà della vita.

Personalmente, quando devo affrontare le mie paure, rifletto. Intorno a me ci sono circa un centinaio di persone, una più strampalata dell'altra. È un miracolo che si sia riusciti a entrare tutti lì dentro. Finora ho seguito la massa ma, sinceramente, spero che qualcuno venga il prima possibile a dirmi cosa devo fare.

All'improvviso tutti si alzano e si affollano verso il fondo del veicolo e, a gruppi di dieci o quindici... si lanciano nel vuoto! Mi prendono dei conati, comincio a tremare. Ma che stanno facendo? Mi precipito a un finestrino per guardarli mentre cascano a grappoli. Ok, saranno sicuramente degli stuntman in allenamento. È normale, siamo sul set di una grande produzione. Anche a me, quando sono arrivato, è stato dato uno zaino, ma nessuno ha mai parlato di gettarsi col paracadute! Be', a questo punto sono quasi l'ultimo rimasto a bordo. E la cosa non mi va per nulla a genio. Comincio a pentirmi di non aver letto nemmeno l'intestazione dei contratti che mi hanno fatto firmare prima di partire... Ops!

Aspettiamo, aspettiamo ancora un po'.

Un tipo accanto al portellone mi fa segno di avvicinarmi. Nemmeno lui mi ispira granché: riesce a malapena a sorridere. Mi avvicino, e intanto ripenso all'ultima volta che ho mangiato un gelato – un trucchetto da attori per sembrare calmi e sereni. Giunto a portata di mano, quello mi agguanta per il collo come una leonessa col suo cucciolo e, senza dir nulla, SBRAM, mi scaglia nel vuoto. Lancio uno sguardo verso il cielo e urlo a squarciagola:

«MA UN 'ARRIVEDERCI', TI COSTAVA COSÌ TANTO?!?«

Se non che, in effetti… nulla. Dalla bocca non mi è uscito il minimo suono. E sì che l'ho spalancata per bene.

E così eccomi qua, che precipito nel vuoto.

SCRUTCHH… PSCHIII… FFFF…

Non ho la più pallida idea di come sia successo, ma lo zaino che mi hanno messo in spalla prima di partire si è aperto con un rumore assordante e si è trasformato in una specie di deltaplano! Mi vien voglia di piangere, di fracassare tutto, di ridere. STO VOLANDO! Non so chi abbia deciso di risparmiarmi la vita ma bisogna proprio dire che oggi è il mio giorno fortunato! Rullo di tamburi, la stella nascente sta tornando alla ribalta!

SPLASHHHHHHHHH

È gelida! Eccomi atterrato, o meglio… ruzzolato in una palude non più profonda del pediluvio di una piscina. Nell'eccitazione del volo mi sono dimenticato che Madama Gravità continuava a lavorare, poco propensa a preoccuparsi dei miei irrilevanti stati d'animo. Chino il capo e mi osservo i pantaloni. Mi tocco gambe, braccia, spalle, il mio bel faccino dall'aria idiota... Sento la pressione delle mani sul corpo ma nessun dolore. Insomma, posso ben dire di essere VIVO! E fradicio. Ma pur sempre vivo.

Guadagnare la riva si rivela un po' più lungo e laborioso del previsto. Non appena metto piede sulla terraferma, però, la superficie della palude torna ad assomigliare a uno specchio. Con un'occhiata rapida, poi, noto che i vestiti sono già asciutti. Strano... Non mi sembra che faccia molto caldo. Né, del resto, molto freddo. Forse, alla fin fine, mi ero bagnato appena, e in testa mi son fatto tutta una montatura. C'è però dell'altro: l'arnese che mi è servito da paracadute è sparito. Non facciamoci prendere dal panico, dev'esserci per forza una spiegazione logica. Lo zaino è leggero come una piuma, probabilmente tutto il marchingegno riposa pacificamente a qualche decina di metri da me, nascosto sotto la trentina di centimetri d'acqua dello stagno. Ok. Va tutto bene. Sono ancora sotto shock, sto perdendo la testa per un nonnulla, devo solo calmarmi e tutto andrà bene. Devo restare concentrato. E anche darmi da fare! Non sono qui per preparare una tesi sulla permeabilità delle acque stagnanti.

Insomma, CALMA! Proprio non riesco a riprendermi dallo shock. Eh sì, sto scervellandomi troppo, è più forte di me. Invece è tutto finito, acqua passata. Sarà meglio che mi fermi un attimo per fare degli esercizi di respirazione profonda, magari ci riesco, a rilassarmi un po'. Insssspiiiira lennnntaameeeeente... daaaal naaaaso... hhmmmmm... Espira-veloce-dalla-bocca... Pffff!

Dopo aver eseguito tre o quattro volte questo esercizio imparato da un video online, mi sento già un po' meglio. Continuo a non poter parlare, ma non sarà la fine del mondo, del resto sono solo una comparsa. Con un ultimo respiro, rilasso le spalle e tutti i muscoli.

Come sono i dintorni? Alle mie spalle ci sono una fattoria e alcuni fienili. Meglio stare alla larga: non sono un tipo molto campestre. Anzi, per essere precisi, è la campagna che non mi ama particolarmente. Fra punture di ortiche, di vespe, di rovi e di tutta la sfilza di figli del creato che ti pizzicano o addirittura ti appestano per il resto dei tuoi giorni, il messaggio è chiaro: «Se vuoi evitare problemi, stattene a casa tua!». Sacrosanto. Anche perché è il posto dove mi trovo meglio. Per principio non ho nulla contro una piccola gita di giornata ogni tanto, ma non quando la guida locale mi accoglie in stivali di gomma e forca alla mano. Basco in testa e mozzicone fra le labbra, passi. Ma molossi ossessionati da qualsiasi polpaccio passi loro a tiro, grazie no. Insomma, la fattoria la lasciamo per un altro giorno. Invece, se ricordo bene, precipitando avevo intravvisto una stazione di servizio nelle vicinanze. Meglio tentare la sorta fra i vapori di benzina. Magari trovo qualcuno disposto ad aiutarmi. Senza contare che potrò comprarmi qualche caramella, o del cioccolato, o qualsiasi altro dei miei corroboranti preferiti. Dopo una caduta simile, me lo merito.

In marcia! Da qualche parte ci dev'essere una nutrita troupe cinematografica: devo solo trovarla. Un filmone con supereroi e cattivi venuti dallo spazio per conquistare il mondo, non è cosa da passare inosservata! Non devo assolutamente perdermi quest'avventura. E poi ho firmato! Con tutte le carte che mi hanno fatto compilare, una cosa è certa: hanno il mio nominativo, sanno che devo arrivare! Anzi, di sicuro staranno già cercandomi. La prima cosa da fare è salire in cima alla collina che vedo davanti a me, poi vedremo. Da una posizione un po' elevata, dovrei avere una visuale migliore e riuscire a orientarmi.

È curioso, mi sento in formissima, sto sgambettando come un capretto. Hop, hop, hop... un saltello dopo l'altro mi inerpico su per la collinetta. Non dico che sia la scalata del secolo, ma non sento comunque la minima fatica. Dev'essere l'eccitazione... Non sarò un tipo da campagna però confesso che qui, all'aria aperta, me la sto spassando alla grande.

Giunto in cima, mi ritrovo in mezzo a un gruppetto di alberi. I dintorni appaiono tutt'altro che pianeggianti. Sul versante opposto, in basso a destra, mi sembra di scorgere il tetto della stazione di servizio. Di fronte, un po' più lontano, ci sono invece delle costruzione molto bizzarre. Sbaglio o sono proprio tetti di pagode? Sì, simili a quelli di un ristorante asiatico dove adoro mangiare. Fanno uno stranissimo effetto, lì in piena campagna. Uhm… Ma certo! Dev'essere un po' come per quel film con Bruce Willis che dovevano ambientare in Francia e che poi hanno trasferito in Cina per raggiungere un pubblico più vasto. Quei tetti faranno parte della scenografia del filmone! A quanto pare, la futura star non si è ancora bevuta il cervello: è una buona notizia. Pazienza per la stazione di servizio… ora, direzione Chinatown!

Una collinetta da scendere, un'altra da salire, questa storia si sta rivelando un vero percorso salute! C'è un tempietto – poco fa non l'avevo notato – appollaiato su una montagnola. Non riesco a staccargli gli occhi di dosso. Muoio dalla voglia di farci un salto, ma non avrebbe senso. Non devo lasciarmi distrarre, il mio obiettivo è raggiungere l'edificio che assomiglia al ristorante. È una torre a più piani, quindi ci sarà più gente e, se non altro, non corro il rischio di offendere qualche divinità che poi maledirebbe la mia famiglia per le prossime quaranta generazioni. Intanto seguo il sentiero che serpeggiando vi conduce. Più mi avvicino, però, e meno ho l'impressione che il luogo sia abitato. In ogni caso intravedo delle specie di tavoli da picnic che danno al quadro generale un tocco molto familiare. Tutt'a un tratto sento dei passi. Qualcuno sta correndo all'interno. Una porta sbatte e, se non mi sbaglio, lui o lei sta salendo di corsa per delle scale. Provo a gridare per segnalare la mia presenza ma dalla bocca continua a non uscirmi il minimo suono. Accidenti! Non so cosa mi sia fatto cadendo, ma mi sa che dovrò dar fondo a tutto il mio talento di attore per mimare chi sono e cosa sto cercando. Pffff... Con la mia leggendaria fortuna, finirò su un'ambulanza con la camicia di forza.

Esco dalle mie riflessioni e mi accorgo che i rumori sono cessati. Continuo ad avanzare finché, improvvisamente, sento una specie di ronzio.

CRRRRRRRRRRAACCK! BUUMMM!

C'è stata una strana esplosione. Forse la persona è ferita? Devo sbrigarmi. Tutto potrebbe crollare da un momento all'altro. Corro come un pazzo fino alla porta di ingresso, la sfondo e piombo all'interno. Nessuno. Vedo pilastri e scale di legno, ma non un solo mobile. Niente. Sento uno strano fischio. Qualcosa mi ha colpito, all'istante mi sento molto affaticato. Mi volto, dietro di me la porta è ancora spalancata, mi sembra di scorgere qualcuno. Un secondo fischio e tutto diventa sfocato. Senza la minima idea di cosa mi succeda, perdo conoscenza.

2

TUTTO DACCAPO

Apro lentamente gli occhi. Mi sento fresco come una rosa! Sono sul ciglio di una pista di atterraggio. Intorno a me delle persone ballano, giocherellano con armi finte o semplicemente aspettano, come me. In mezzo a questa baraonda c'è un gigantesco bus mezzo scassato, sembra uscito direttamente da un *Mad Max*. Siamo tutti in attesa che lo riparino, così finalmente raggiungeremo il set. Sì, perché in barba ai mille ammonimenti, e anche alle prese in giro, io ce l'ho fatta. Ho ottenuto una parte in una grande produzione. Io e il cinema siamo fatti l'uno per l'altro, e lo dimostrerò al mondo intero.

L'attesa sembra infinita e io mi sento stranissimo. Fra l'altro, ho la strana sensazione di aver già vissuto questa scena. Si dice che i déjà-vu siano la risposta del cervello di fronte a situazioni di stress. Devo essermi appisolato solo qualche istante, perché di solito non mi ricordo mai i sogni… Questa volta, invece, rivedo ogni cosa con chiarezza: la caduta nel vuoto, la casa orientale deserta, l'esplosione…

Mi esamino nervosamente il corpo alla ricerca di

qualche ferita. Niente. Non il minimo indolenzimento, nemmeno un crampo. Sembra tutto in ordine…

«DECOLLO DEL BATTLE BUS FRA DIECI SECONDI!»

Dannazione! E adesso cosa diavolo sta succedendo?! I meccanici devono aver rimesso in sesto il ferrovecchio in un fulmine. Deglutisco la saliva, non senza qualche difficoltà. Nel sogno il trabiccolo si alzava in volo ma, visto com'è ridotto questo, direi che è davvero impossibile… Scommetto che c'è un ascensore gigante nascosto sotto. Tutto questo è solo cinema, il paradiso delle apparenze. Su, avanti! Sarebbe stupido perdere la navetta, in qualche modo dovrò pur raggiungere il set – tanto più che non ho la minima idea di dove si trovi. Che cosa ridicola, tutte quelle clausole di confidenzialità.

Prendo posto su una panchetta molto scomoda. Mi si stringe un groppo in gola. Tutto si svolge esattamente come nel sogno… Respiro. Mi sposto accanto al finestrino. Faccio così ogni volta che salgo su un mezzo di trasporto, così posso guardare fuori e al contempo evitare qualsiasi contatto con altri passeggeri. Specialmente quando il mio vicino si è dato una generosa spruzzata di Eau d'Ascelle! Mi basta incollare il naso al vetro, e il gioco è fatto! Peccato, però, che in questo caso il vetro sia particolarmente sporco, e io mi ritrovi il naso pieno di punti neri. Non devo avere un'aria molto furba… Uuuuh! No, no, no! In pochi secondi il trabiccolo è decollato per davvero. Getto un'occhiata tutt'attorno per osservare le reazioni degli altri passeggeri. UN BUS CHE VOLA! E tutti sembrano trovarlo normalissimo. Sarà meglio sforzarsi di apparire calmo. Non mi va di passare per una mammoletta.

Roba da matti, l'apparecchio ha già preso un bel po' di quota e sta dirigendosi verso una grande isola. Questo mi permette di constatare che anche il punto di partenza si trovava su un'isola, molto più piccola. E che le due non sembrano molto distanti fra loro. Mi domando per quale motivo, per compiere l'attraversata, non abbiamo preso una barca o qualsiasi altro mezzo motorizzato che rispettasse qualche minima norma di sicurezza. Forse fa tutto parte della produzione del film. Oh-oh… Hanno aperto il portellone sul retro e tutti si stanno accalcando per lanciarsi. Saranno sicuramente degli… degli… stuntman. Gulp. Adesso la paranoia ha raggiunto i massimi livelli. Ogni cosa è esattamente come nel sogno!

Non mi rimane che cercare di scoprire se, fra tutti i modi di scendere, ne esista uno meno drastico… Ancora una volta sono buon ultimo, e un tizio, del genere ex parà, mi fa un cenno. Per evitare che il mio incubo si trasformi in sogno premonitore, tento un approccio gentile. Mi alzo, avanzo lentamente verso di lui e mi batto il pugno sul petto un paio di volte, per dimostrargli che sono un tipo a posto. Siamo fratelli, noi due, non voglio problemi. Prima di arrivare alla portata del suo braccio, gli spiego la situazione:

...

È spaventoso! Non riesco a spiccicare parola. I miei vecchi prof, i miei familiari, scoppierebbero di gioia nel sapere che più nessun suono è in grado di uscire dalla mia bocca. Un vero sollievo per...

AAAAAH...

Il bestione ha preferito agire piuttosto che discutere. E, in pieno stile buttafuori, mi ha scaraventato nel vuoto come un sacco di patate! Non so come si chiami, non so chi sia, ma lo ODIO! E sta succedendo tutto per davvero, non sto immaginando niente, l'intera scena è già avvenuta... È spaventoso! Il vuoto, la velocità, il rumore, il suolo che si avvicina così rapidamente! Me la sto facendo davvero sotto! Respira. Sai cosa devi fare... Prima di tutto, la giusta posizione...

GNNNN... ARRRRRFFF...

Ecco fatto! Sono riuscito a tornare a pancia sotto, con

braccia e gambe spalancate per rallentare la caduta. Ora è il momento di frugare nel mio equipaggiamento per risvegliare...

SCRUTCCHHHHH... PSCHIII... FFFF

... il mio angelo custode. Mio dio! In questo deltaplano non c'è nulla che non sia contro-natura. Sembra marcio, fa un rumore spaventoso e a ogni istante rischia di finire in legna per il fuoco... Un inferno. Ma cosa diavolo avrò mai fatto per far arrabbiare l'universo fino a questo punto? Non riesco a trovare spiegazioni razionali per ciò che sto vivendo... In poche parole, mi sta venendo una tremenda voglia di piangere. Sto planando sopra un luogo nuovo, si direbbe una grande fabbrica. La mia traiettoria punta dritto nel mezzo di un grande cortile, senza dubbio un parcheggio. In lontananza mi pare di scorgere il tempio asiatico dell'ultima volta. Fra pochi secondi raggiungerò il suolo. E questa volta non mi aspetta acqua, ma terra, e più che mai ferma. Sono terrorizzato. Chiudo gli occhi e mi concentro al massimo, come un Maestro Jedi che ricorre alla forza per scampare ai pericoli.

POFF...

Wow! Niente male! Forse non il più spettacolare degli

atterraggi, ma non ho rimediato nemmeno un graffio. Sono in piedi, e in ottima forma. Nulla di che lamentarmi, anzi posso finalmente tirare un sospiro di sollievo. Il luogo è deserto. Non so cosa darei per avere qualcuno a cui rivolgere la parola, una persona normale con cui scambiare quattro chiacchiere sul tempo o su un qualsiasi altro argomento. Nel bel mezzo del cortile, piantato su un imponente, massiccio pilastro, troneggia il più grande gabinetto che abbia mai visto. Non c'è più possibilità di dubbio, è l'universo stesso a mandarmi un messaggio chiarissimo. E se avessi con me lo smartphone aprirei immediatamente il sito «vitadimerda.com»: il mio post farebbe faville.

Tutto questo non ha un filo di senso. Di colpo mi metto a osservare ogni cosa intorno a me con estrema attenzione. Non si tratterà per caso di una *candid camera*? O di un esperimento, una specie di test per capire se ho la stoffa di un Tom Cruise?! Alzo il naso al cielo e punto il dito verso le nuvole. Dalla bocca non mi uscirà una parola ma, nei miei occhi, si può ben leggere: «Hey tu, lassù! Ancora non sai chi sono, ma presto capirai che sono LA star, e farò il botto! *Oh, yeah*!».

Il mio piccolo motto di ribellione interiore mi ha fatto bene. In ogni caso, non è che abbia molta scelta, e rimanere qua a piangermi addosso non cambierà granché. Visto che sono capitato qui, tanto vale provare a chiedere aiuto alla portineria della fabbrica. In quel momento mi giunge lo stesso rumore sentito nel tempio asiatico. Uno strano ronzio. Questa volta sembra venire da uno dei camion da cantiere parcheggiati poco lontano. Questi mezzi sono la mia passione. Ne avevo uno quand'ero piccolo, poteva trasportare qualsiasi cosa: i miei peluche, la vecchia New 3DS, persino la mia sorellina...

E stranamente c'è una luce piuttosto forte che sembra uscire dal cassone. Per scoprirne l'origine esatta, dovrei poter montare all'interno. Ma ho paura che qualcuno possa sorprendermi mentre sto curiosando. E come primo contatto umano, sarebbe decisamente un cattivo inizio! Meglio lasciar perdere, è più saggio.

Più mi avvicino all'edificio, più mi rendo conto che il luogo è assolutamente deserto. Da non crederci! Cosa sarà mai potuto succedere su quest'isola? Sprofondato nei miei pensieri, trasalgo nello scorgere sul tetto della fabbrica una persona. Sembrerebbe comparsa dal nulla, ma il bello è che indossa un costume da orso rosa e ha un mitra puntato dritto alla mia testa. Rimango paralizzato, dilaniato fra il terrore e il fascino che questa singolare visione mi suscita. Il simbolo del *kawaii* e dell'amore, armato fino ai denti, che mi prende di mira. Non ho nemmeno il tempo di scoprire se quello che imbraccia sia uno dei giocattoli che giravano sulla pista dell'aeroporto del bus, quando...

BRRRRRRAAAAAAA BRRRRAAAAAAAA BRRRRRAAAAAAAAA...

Apro lentamente gli occhi. Mi sento fresco come una rosa! Mi guardo attorno e… EH, NOOO! Sono di nuovo sulla pista di atterraggio. Daccapo, no! Ma che mi sta succedendo?? Non solo sono svenuto un'altra volta, ma mi ritrovo di nuovo su questa isoletta.

Preso dal panico, mi precipito verso le persone che trovo lì intorno, vado da una all'altra nella speranza di incrociare uno sguardo di comprensione, magari un briciolo di solidarietà. Quando mai! Rimedio balletti, qualche fucilata o il disprezzo più assoluto. Con un ultimo sforzo cerco di mettere a frutto i miei corsi di teatro. Mimo qualsiasi cosa mi venga in mente per simulare l'infermità mentale: girare in tondo, camminare a ritroso, accovacciarmi. Senza alcun risultato. Impotente di fronte a una situazione simile, scoppio in lacrime.

A un certo punto, mentre sono lì singhiozzante con il capo stretto fra le mani, sento una presenza. Socchiudo pian piano gli occhi e intravedo un paio di scarpe a pochi centimetri dalle mie. In un istante mi riprendo e provo a fare buona impressione. Piantato lì immobile, proprio di fronte a me, c'è un ragazzo. A prima vista deve avere la mia età. D'istinto faccio un passo indietro, al che lui, cogliendomi del tutto alla sprovvista, si scatena in una frenetica serie di *dab*. Non c'è niente da fare, è un incubo, un incubo fatto e finito. Nessuno farebbe nulla del genere nella vita normale, nessuno. È un po' come quando, la notte prima dell'inizio dell'anno scolastico, sogni di trovarti in mezzo al cortile della scuola senza una scarpa, o addirittura senza pantaloni. Sì, dev'essere stress, nient'altro che un forte stress. Fra un attimo mi sveglierò, anzi, ADESSO!

«DECOLLO DEL BATTLE BUS FRA DIECI SECONDI!»

No, niente va per il verso giusto. Sono fuori di me. Ma, basta pensare, adesso monto sul veicolo. E piantiamola con le buone maniere. Volete giocare a questo gioco? Molto bene, e allora giochiamo! Il bus comincia la sua consueta distribuzione di pazzi scatenati. Non appena si lancia la prima metà, prendo un bello slancio e, circondato da una decina di persone, mi getto nel vuoto.

YEAHHHHHHHHHHH

Faccio come se niente fosse, ma è evidente che sono tutt'altro che tranquillo. Intorno a me noto che alcuni aprono subito il deltaplano. Come fanno? Comincio a darmi delle manate sul torso premendo dappertutto finché…

SCRUTCCHHHHH… PSCHIII… FFFF

… Mioddio, funziona! Dev'esserci da qualche parte un bottone che innesca questo arnese! Hahahaha!

SCRUTCCHHHHH… PSCHIII… FFFF

Nooooo! Che diavolo ho fatto?! Il marchingegno si è richiuso e sto di nuovo precipitando verso terra, zigzagando fra i soldati.

SCRUTCCHHHHH… PSCHIII… FFFF

Ormai in prossimità del suolo, la pianto di trafficare e finalmente il deltaplano si stabilizza in modalità «aperto». Uff. Mi trovo sopra una grande città. Scorgo edifici, un campo da basket e… Non ho il tempo di osservare bene i dintorni che già sento fischi giungere da ogni parte. Sotto i miei piedi è tutto un formicolare di cecchini della domenica che sparacchiano su qualsiasi cosa si muova. C'è qualcosa che mi sfugge in quel che succede su quest'isola. Ma sarà il film? Stanno girando delle scene senza nemmeno avvertirci? Sui set che ho avuto occasione di vedere (in TV, ovviamente), ci sono proiettori, telecamere, tecnici… Qui, invece, posso voltare lo sguardo da ogni parte quanto voglio, ma non vedo nulla di tutto ciò.

Uno da destra, uno da sinistra, due sopra la mia testa.

Sfrecciano proiettili da ogni direzione. Inclinandomi nel tentativo di schivarli, mi rendo conto che sto modificando la traiettoria della discesa. Ok, quindi esiste un modo per governare quest'affare. Ahi! Credo che mi abbiano colpito. Comincio a sentire il solito affaticamento che mi assale ogni volta che svengo. Veloce… girare, puntare, virare. Mentre faccio tutto il possibile per allontanarmi dalla zona calda, gli spari si fanno sempre più incalzanti. Piroetto per evitare i proiettili con la grazia di un sacchetto di plastica in balia di una folata di vento. Finalmente riesco ad atterrare a pochi metri dalla serranda di un garage, semiaperta. Dovrei riuscire a infilarmi sotto. Tento di arrivarci ma, ancora una volta, le tenebre scendono su di me e… sipario.

Apro lentamente gli occhi. Mi sento fresco come una rosa! … Nooo! Sono di nuovo sull'isoletta, di nuovo fra l'indifferenza generale. I miei vicini si comportano come al solito, come se niente fosse! Cosa diavolo è questa follia dell'impallinarsi a vicenda, così, senza nemmeno scambiare una parola, a colpi di proiettili soporiferi? Hey, ragazzi, sono in regola con tutte le vaccinazioni, non c'è bisogno di anestetizzarmi! E ho fatto tutti i richiami necessari, perciò, perché non cambiate bersaglio? Ma se pensate per caso che, in questo modo, domerete la bestia selvaggia che dorme dentro di me, be', *SPOILER ALERT*, state facendo l'esatto contrario!

Cinque, dieci, trenta volte sono salito su questo bus infernale. Ma qualsiasi sia il luogo dove atterro, che io corra o cammini, finisco sistematicamente colpito, mitragliato, impalato da spuntoni nascosti nei muri, persino polverizzato da razzi di bazooka. Posso tuffarmi in mare o saltare da un ponte o dalla cima di una montagna, e il risultato non cambia. Poco importa luogo o durata delle escursioni, la storia è sempre la stessa. Dritti all'appuntamento sull'isoletta. Non si supera mai la casella del via. Non si guadagnano mai 20.000 euro. Devo farmene una ragione, sono prigioniero! E se vale per me, significa che vale anche per gli altri. Se almeno potessi parlare! Mi sento soffocare, ho bisogno di comunicare con qualcuno.

3

DOV'È L'USCITA?

(L'ISOLETTA)

Non sto dormendo, non sto sognando. Sono prigioniero, punto. Prigioniero fra due isole che ormai ho battezzato Isoletta e Grande Isola. Mi rassicura dare nomi a cose o persone che conosco poco. O per nulla.

Che giorno è oggi? Da quanto tempo sono qui? Una settimana? Due? In tutta questa agitazione, non ho nemmeno tenuto conto del trascorrere dei cicli giorno/notte. Riflettiamo. Una medaglia ha sempre due facce: se sono entrato, da qualche parte devo poter uscire. Ciò di cui ho bisogno è solo di un po' di metodo e disciplina. Comincerò le mie ricerche da qua, dall'Isoletta. È qui che sono arrivato, e scommetto che è da qui che ho maggiori chance di uscire.

Questo luogo è regolato da leggi inflessibili che, purtroppo, non trovo scritte da nessuna parte. Alcune sono valide su entrambe le isole, ma ognuna di queste ha le proprie peculiarità. Tutto ciò che sono riuscito a capire sinora è questo: parlare è impossibile, le corde vocali – non so per quale ragione – sono bloccate. E i giorni scorrono senza che sia necessario mangiare, bere o dormire. Quindi, nessuna fila d'attesa per i gabinetti. Ma allora, per quale motivo dedicare loro una fabbrica? Almeno è chiaro per quale motivo quel luogo sia vuoto e deserto. Che sia temporaneo? Bisogna che svolga la mia indagine, prima o poi troverò risposta.

«DECOLLO DEL BATTLE BUS FRA DIECI SECONDI!»

Seduto sulla panca accanto al finestrino, rifletto. Tutto ciò che viene distrutto ricompare identico, nello stesso identico luogo. L'Isoletta serve da punto di partenza. Qui tutto è permesso e nulla comporta la minima conseguenza per nessuno. Qui riprendo conoscenza ed è categoricamente impossibile svenire. Una volta che il bus è pronto per il decollo, però, devono salire tutti, nessuno escluso. In questo modo sono costretto a continui andirivieni fra le due isole. Ho provato in ogni maniera a imbrogliare il buttafuori del bus ma riesce immancabilmente a scovarmi e ad agguantarmi nel solito, abilissimo modo. E, altrettanto immancabilmente, mi scaraventa fuori dall'abitacolo se mi rifiuto di saltare.

Quanto alla Grande Isola, tutto quel che ho capito finora, è che si perde conoscenza velocemente. Perché è necessario andarci? Cosa si trova laggiù? Cosa spinge tutta questa gente a sceglierla come luogo per affrontarsi? Tutte domande la cui risposta rimane ancora avvolta nel mistero. Mi dedicherò alla Grande Isola e ai suoi problemi più tardi. Ora preferisco concentrarmi sull'Isoletta. Posso perlustrarla tutta nel giro di poco e scommetto che troverò un bel po' di elementi che mi torneranno utili in seguito. Nell'attesa, è ora di tuffarsi nel vuoto.

Sono ormai giunto alla conclusione che preferisco aprire il deltaplano subito dopo il lancio. Stento a credere a quanto ho appena detto, eppure è vero. Planare a quelle altitudini rappresenta uno dei rari momenti in cui mi sento quasi sereno. Il vento che mi porta, la bellezza che si stende ai miei piedi, la lenta discesa durante la quale posso andare dove voglio, mi procurano una sensazione di libertà che, a poco a poco, ho imparo ad apprezzare. È in quegli istanti che ritrovo l'energia per andare avanti.

Lentamente giungo al di sopra della città più imponente. Nel giro di pochi secondi sarò a portata di tiro. Atterrare in aree molto frequentate è il miglior modo per perdere i sensi che abbia trovato. Ci siamo, sento i primi spari, non dovrebbe mancare molto prima che io perda conoscenza. Perfetto, non vedo l'ora di iniziare a esplorare l'Isoletta!

Apro lentamente gli occhi, sulla solita baraonda che impazza sulla pista di atterraggio.

Finalmente posso procedere alle perlustrazioni. A causa delle continue partenze del bus, mi serve un po' più di una decina di viavai per farmi un'idea sufficientemente precisa dell'Isoletta. Pochissima vegetazione, una manciata di alberi, qualche collinetta senza importanza. Si tratta di un campo di aviazione in disuso: carcasse di automobili qua e là, qualche capanno, degli hangar decrepiti e uno scalo merci con dei container vuoti. In passato dev'essere stata di proprietà dell'esercito, lo testimonia un'attrezzatura in legno per l'addestramento con annesso percorso a ostacoli fatto di pneumatici.

E io adoro i percorsi di gomme! L'esercizio consiste nell'attraversare di corsa la distesa di gomme senza rompersi l'osso del collo. In altre parole, bisogna correre facendo attenzione a mettere i piedi bene al centro, là dove normalmente sarebbero i cerchioni. Il bello di questo percorso è poter rimbalzare al primo passo falso sugli pneumatici, un po' come su un trampolino! Capirne la finalità è impossibile, ma resta un vero spasso.

Del resto, qualche risata di tanto in tanto fa bene, anche perché questo posto è e rimane angoscioso. Dà la sensazione che la vita sia scomparsa in uno schioccar di dita, come inghiottita da una sorta di maledizione. Meglio non pensarci. Per quanto riguardo le vie di accesso, è impossibile raggiungere il mare a piedi. Non solo non esistono strade che vi portino, ma un campo magnetico di singolare potenza impedisce a qualsiasi cosa di avvicinarsi agli orli delle scogliere che delimitano l'isola. Ho persino cercato eventuali sbocchi di tunnel. Ancora una volta, senza successo. Nemmeno l'ombra di una botola. Eppure ho meticolosamente perlustrato ogni edificio. Mi sono persino dedicato a frugare ogni lembo di vegetazione che potesse nascondere possibili accessi a qualche sotterraneo.

Non rimane che la via aerea. E qui la cosa si fa più interessante, perché oltre alla pista di atterraggio usata dal bus, c'è una piattaforma per elicotteri. Finora non ho visto né sentito alcun velivolo del genere. Ma chissà... Meglio restare all'erta.

Anche se, a prima vista, il bilancio della mia piccola indagine potrà sembrare piuttosto magro, ho comunque rimediato non poche informazioni sulla popolazione che regna da queste parti. La proporzione fra maschi e femmine è pressoché equa. In tanti, a dire il vero, indossano maschere o caschi, il che rende più difficile l'identificazione. Fra l'altro non ho idea di dove se li siano procurati. Avranno qualche significato? Una funzione? Mi restano davvero tante cose ancora da scoprire da queste parti...

Comunque sia, possiamo distinguere cinque grandi gruppi di individui. È una classificazione sommaria, ovviamente, perché le eccezioni e i casi a parte non mancano. In linea di massima, però, troviamo:

* **Gli psicopatici del grilletto:** l'Isoletta pullula di armi da fuoco finte. Basta chinarsi a terra per raccattarne. Un arsenale rumoroso e innocuo per le persone ma capacissimo di distruggere le cose. Gli appartenenti a questo gruppo, malgrado l'evidente inutilità del gesto, svuotano caricatori su caricatori. È il loro modo di ammazzare il tempo (wow...!).

* **I demolitori:** assomigliano agli psicopatici del grilletto ma sono più efficienti. Gente pratica. Qualsiasi azione deve per forza avere un risultato tangibile. Soprattutto quando si tratta di annientare ogni cosa. Insomma, sono la bestia nera dell'ambiente. E se mai un giorno mi venisse voglia di fare tabula rasa del passato, mi rivolgerei di sicuro a uno di questi.

* **I costruttori:** sono l'opposto dei demolitori. Per loro, ogni minimo istante va dedicato alla costruzione di qualche struttura. Usano legno, pietre e metallo. Rapidissimi, efficientissimi, si affrettano a raccogliere e stoccare materie prime, così da potersi lanciare il prima possibile nell'edilizia. Il loro piccolo vizio? Arrampicarsi appena possibile in cima alle loro costruzioni. Insomma, la sindrome Leonardo DiCaprio in *Titanic*. Se potessero, ogni volta si

pianterebbero a braccia spalancate in cima alle loro creazioni a gridare «Sono il re del mondo!». Il costruttore ha un acerrimo nemico, ed è il demolitore. Al minimo accenno di un muro, è subito guerra. I due clan sono incredibilmente caparbi, e questo dà luogo a scene surrealistiche in cui gli uni ricostruiscono senza posa, nello stesso identico punto, ciò che gli altri si spicciano a far scomparire nel giro di un secondo (formidabile!).

* **I festaioli:** a prima vista si direbbero i più simpatici. Si mettono in pose buffe, ballano, disegnano graffiti. Col senno di poi, però, sono i più agghiaccianti. Se uno ci pensa bene, in effetti, finisce per domandarsi per quale motivo degli individui normali dovrebbero scalmanarsi tanto, soprattutto considerato che sono prigionieri, e per di più costretti al silenzio! Chi farebbe mai una cosa del genere? Solo dei pazzi forsennati.

E visto che siamo in tema di pazzi forsennati, qualche brillante esempio lo troviamo anche nell'ultima categoria:

* **Gli impassibili:** non si muovono di un millimetro. Vere e proprie statue. Immaginate una pietra: la prendete e ne fate il vostro piccolo animale

di compagnia… La loro interazione col resto dell'universo è pari a zero. Tanto che riuscire a smuoverne uno è diventato una sfida per gli altri «abitanti». Impossibile. Gli sparano, gli costruiscono addosso, li imbrattano… nulla ottiene il minimo effetto su di loro. È come se fossero totalmente rassegnati al destino che li attende. È qualcosa di bello e, al tempo stesso, tremendo.

Ho notato che alcuni impassibili hanno un culto del rituale. Se sono dove sono, non è per casualità. Anzi, la maggior parte di loro è solita tornare esattamente negli stessi posti.

Lei, credo di averla scorta la seconda o la terza volta che sono passato di corsa davanti alla pista per elicotteri. Dritta come un fuso ma senza arroganza, semplicemente ben piantata per terra, con le spalle bene aperte. E non era ammiccante, anzi, sembrava un tipo discreto. Tanto che mi sono domandato da quanto tempo si trovasse là prima che potessi accorgermi di lei. Mi sono fermato di colpo per osservarla. Ovviamente non ha mosso un mignolo. Piazzata nel centro esatto del cerchio, aveva i piedi perfettamente allineati sulla linea traversa della grande H disegnata sull'asfalto. Impossibile pensare che una posizione così particolare fosse frutto del caso. Ho ripreso con l'esplorazione, ma la questione degli

RESCU

impassibili ha continuato a frullarmi in testa. Mi ricordano i fasmidi che vediamo nei terrari, quegli insetti somiglianti a dei rami, che si mimetizzano con le fronde su cui sono posati. Non appena scorgiamo il primo, cominciamo a vederli tutti. Ecco, quell'incontro mi ha fatto lo stesso effetto. Quasi tutti gli impassibili che ho avuto modo di osservare si posizionano in punti specifici e con posture particolari. Incredibile.

Per l'ennesima volta mi domando: siamo tutti esseri umani qui? O fra noi ci sono cloni e robot, un po' come quelli che popolano *Westworld*? Nessuno sanguina, nessuno starnutisce, nessuno sputa. Non si scorge mai alcun tipo di fluido. L'ipotesi mi atterrisce. Un motivo in più per scoprire al più presto l'uscita!

Comunque sia, sono sempre più convinto di una cosa: non è da queste parti che troverò una via di scampo. L'Isoletta non è che una piattaforma di transito: l'uscita deve trovarsi laggiù, sulla Grande Isola. Continuerò con l'esplorazione, e scoprirò il modo per fuggire da questo inferno!

«DECOLLO DEL BATTLE BUS FRA DIECI SECONDI!»

4

DOV'È L'USCITA?

(LA GRANDE ISOLA)

Dal finestrino del bus, osservo la topografia della Grande Isola. Ha all'incirca la forma di un disco con i bordi frastagliati. Ricorda un po' un grande pancake venuto male, come se avessero gettato in padella l'impasto fregandosene un po' di come veniva. Nel centro si scorge con chiarezza un vasto lago. Da questo fuoriescono due fiumi che attraversano l'isola fino a gettarsi in mare. Uno a nord, l'altro a sud. Un taglio netto che può tornarmi utile per pianificare l'esplorazione.

La parte ovest comprende una regione montagnosa irta di cime davvero impressionanti. Ci sono anche delle città, le più grandi dell'isola. La metà est, invece, è formata per lo più da pianure. È la parte a vocazione agricola. Per completare questo breve quadro, non posso non accennare a una piccola area desertica situata a sud-est. Difficile spiegarne l'esistenza.

La terra sarà diversa laggiù? Vi regna un microclima? Magari potrei capirci qualcosa di più se alle lezioni di geografia non avessi passato tutto quel tempo a scolpire il banco…

Da dove posso cominciare? La priorità è evitare, nei limiti del possibile, di perdere conoscenza. Meno svengo, maggiore è il tempo a mia disposizione sul terreno, e maggiori risultati posso ottenere. Devo diventare invisibile, fondermi con l'ambiente circostante. Un camaleonte, ecco il ruolo che meglio mi si addirebbe. Le traiettorie del bus sono semplici, linee rette che attraversano l'isola da un capo all'altro. Di solito gli «abitanti» si lanciano il prima possibile, perciò io salterò sistematicamente all'ultimo momento. Una volta in aria, l'obiettivo è dirigersi verso qualche luogo isolato lungo la costa. Sono sicuro che nessuno arriverà dal mare, e questo restringe le possibilità che qualcuno mi strisci alle spalle per farmi una bella sorpresa. Inoltre potrò scorgere da lontano potenziali minacce e avrò più tempo per trovare una soluzione.

Ecco, si sono lanciati tutti. È ora di alzarsi dalla panca, così calmo gli ardori del buttafuori. Lo guardo dritto negli occhi e lo tranquillizzo con un lieve cenno di intesa. Non ti stressare, amico, conosco l'uscita. «Hasta la vista, baby!» So che non ha sentito nulla ma fa lo stesso. Mi tuffo nel vuoto.

A capofitto mi lancio in picchiata verso la mia sorte. Le possibilità di essere colpiti in aria sono quasi inesistenti, ma preferisco non attardarmi troppo. La caccia è aperta, e il tiro al piccione è una delle attrazioni più gettonate della zona.

SCRUTCCHHHHH... PSCHIII... FFFF

Il giorno è prossimo al termine. Scorgo in lontananza il sole scendere rapido oltre l'orizzonte, dietro la terraferma. La luce disegna riflessi dorati sui contorni del paesaggio. Affascinato dallo spettacolo, dimentico per un istante chi sono e perché mi trovo lì. È magnifico. Mi piacerebbe condividere questo momento con qualcuno. Non necessariamente mano nella mano o con gli sguardi persi l'uno nell'altro. No. Semplicemente sapere che c'è una persona lì con me e ammira lo stesso paesaggio. Che scemo che sono! Mi basterebbe fare una storia su Instagram! Ma la fitta al cuore che accompagna questo pensiero è violenta, secca e dura. Non è un momento «condividi-la-tua-vita», ma piuttosto «dattela-a-gambe-in-ogni-modo».

Giusto il tempo di tornare alla realtà, e i miei piedi si stanno già posando sull'erba. Alle mie spalle c'è una scogliera e, laggiù, il mare. Davanti a me, due grandi alberi e, nascosta dietro, una piccola capanna di legno. Perfetto! Ecco un'ottima base di partenza! Non c'è tempo da perdere, devo affrettarmi.

Durante il volo ho avuto tempo per riflettere. È evidente che il fulcro dell'isola non è in superficie ma sottoterra perché, da quando sono giunto da queste parti, a parte il bus volante non ho notato il minimo traffico aereo né visto ombra di imbarcazioni. Considerando però che tutto ciò che viene distrutto, viene anche sostituito alla velocità della luce, questo significa che, nelle vicinanze, ci dev'essere un'area di stoccaggio, e anche grande. E cosa c'è di meglio di un bel sotterraneo per accatastare alla chetichella tonnellate di materiali? Nulla! Scommetto che esistono enormi hangar sotterranei, e che sono collegati con l'esterno tramite tunnel. Mi basterebbe infilarmi in uno di questi, aspettare che arrivi un camion, un treno o qualsiasi altro veicolo che funga da navetta, e riuscirei a scappare. Semplice come bere un bicchier d'acqua. Il primo passo è evidente: scoprire il modo per scendere là sotto. Un ascensore, un meccanismo che permetta di issare i materiali in superficie… e anche se non ne trovassi, dovrà per forza esserci un condotto di aerazione o un'uscita di sicurezza che metta in comunicazione con questo luogo gigantesco. Diciamocelo, non avrò ancora il diploma superiore, ma nemmeno la segatura nel cervello!

Come ho già fatto sull'Isoletta, ho intenzione di perquisire ogni costruzione e ispezionare ogni lembo di vegetazione che possa nascondere una botola, un locale segreto o una porta.

Più motivato che mai, affretto il passo in direzione della capanna. Non faccio però a tempo a sorpassare il primo albero, che già un rumore proveniente dall'interno gela il mio slancio. Una specie di esplosione sorda. L'ultima volta che ho sentito un suono del genere è finita piuttosto male. Devo muovermi in fretta. Scommetto che fra poco uscirà qualcuno e sarà tutto contento di potermi regalare un bel biglietto di ritorno senza scalo per l'Isoletta. C'è un cespuglio a pochi metri da me. Lo raggiungo di corsa, neanche fosse un amico d'infanzia che non vedo da dieci anni. Mi ci insinuo dentro e, accovacciato nel verde, pietrificato, non oso più batter ciglio. Sento un rumore di passi rapidi, pesanti, lungo le scale. La corsa si ferma. Deve avermi sentito.

Un prurito mi assale. Il nervosismo, scommetto. E se invece fossero degli animaletti? Ragni, scarafaggi, formiche? Magari persino un serpente, lì, proprio sotto di me... Gulp. Ho la fobia degli insetti, il timore che possano infilarmisi a mia insaputa nelle orecchie, in bocca, nel naso. È un pensiero che mi terrorizza. Un incubo. C'è una sola cosa che vorrei: poter uscire di corsa e sfregarmi vigorosamente il corpo con le mani. Calma! È solo una piccola crisi d'ansia, una cosa da nulla.

I passi ricominciano. Pochi, intermittenti. Probabilmente lui – o lei – mi sta cercando. Brutta storia, ma mi basta superare questo momento e tutto andrà per il meglio. All'improvviso, un cambio repentino di ritmo. L'«abitante» si è lanciato in una corsa inframmezzata da saltelli e quarti di giro che gli permettono di ampliare al massimo la propria visuale. Passa a pochi metri da me, senza scorgermi. Si ferma, si gira, torna verso di me, riprende a saltellare. Poi, finalmente, scompare dietro una collina. Fffiuu...

L'ho scampata bella. Già mi immaginavo sull'Isoletta a cominciare un nuovo ciclo, e prima ancora di esser riuscito a ispezionare un solo edificio.

Finalmente riemergo dalle frasche. Ne approfitto per verificare l'eventuale presenza di bestiole. È tutto in ordine, immacolato, proprio come mi piacerebbe che fosse sempre la campagna. Due farfalline si avvicinano e mi volteggiano attorno. Lo prendo come un buon auspicio. Madre natura mi è amica... bella lì!

Corro dentro il capanno. L'interno è a dir poco spartano. Un assito, delle pareti, un tetto... oh-oh! Una scala conduce al piano di sopra e un'altra in cantina! Perfetto. Scendo i gradini a quattro per volta. Ho una tale fretta di uscire da questo inferno...

«... SCHRRRRRR... INGERÀ... SCHRRRR FRA SCHHH MINUTI!»

Urca, hanno trasmesso un annuncio! Con i rumori di sottofondo, non ho sentito nulla. Abbiamo tutti, integrato nello zaino, un minialtoparlante che ogni tanto diffonde informazioni. Questa volta, però, mi è sfuggito di cosa si trattasse. Pazienza! Vedremo più tardi.

Giunto di sotto, la delusione. Di uscite, nemmeno l'ombra. È una banale cantina: un contatore elettrico, uno scaldabagno fuori uso, un vecchio sacco a pelo, fogli sparsi, una valigia. Una cosa, questa sì, mi sorprende. In un angolo troneggia un massiccio forziere in legno. Mi avvicino e noto che è vuoto. Immagino che il famoso rumore di esplosione sorda venisse dal suo scasso. Questo vuol dire che chiunque, da queste parti, può forzare serrature?

Rovisto freneticamente all'interno dello zaino in cerca di passepartout, arnesi, chennesò... Trovo solamente una mappa. Ma com'è che non mi è venuto in mente di dare un'occhiata prima? Si tratta di una riproduzione abbastanza fedele della Grande Isola. Cerco immediatamente un segnale speciale che indichi un'uscita. Sarebbe troppo facile... Bah, meglio finire di ispezionare il capanno, la esaminerò meglio più tardi. Risalgo le scale e arrivo fin sotto il tetto. Un'apertura dà su una minuscola terrazza, arredata. C'è persino un divanetto per godersi il panorama. Davvero non so chi possa essere il beota che ha fatto costruire questa catapecchia: la vista si affaccia sulla pianura, e sì che alle spalle c'è il mare, e a una decina di metri! Certe volte, giuro che...

Ma almeno mi dà modo di notare che più in basso, sulla sinistra, c'è un'amena cittadina. Che, per il momento, farò bene attenzione a evitare.

Mi siedo per studiare la mappa. La giro e la rigiro in ogni senso, magari si scorge in trasparenza un messaggio cifrato. Nulla. Pazienza. Per lo meno potrò segnare tutti i luoghi dove sono già stato e tutti quelli ancora da esplorare. Un colossale risparmio di tempo.

La libertà mi aspetta! Con un salto sono ai piedi del capanno e mi avvio nella direzione che mi sembra più sicura. Un sentiero serpeggia lungo un lieve pendio. È un po' troppo allo scoperto per i miei gusti, ma non ho scelta. Lo sguardo mi cade su un lampione. Alla base, un rifugio. La costruzione non mi dice granché; talvolta, però, nelle cose piccole si nascondono grandi sorprese. Scendo di volata lungo il pendio, sempre guardandomi ossessivamente attorno. Giungo senza inconvenienti di fronte a una porticina di ferro su cui è affisso un simbolo a forma di fulmine. Ipotizzo che sia un locale per impianti elettrici. E mentre le mie dita si avvicinano lentamente alla maniglia, prego con tutto il cuore di non beccarmi una scossa. Il cuore mi batte un po' più veloce, un po' più forte. Prendo il coraggio a due mani, e impugno la maniglia!

«GGGGNN... SCHRRRRRRR... GNNIIIIIIIII... SECONDI!»

Cavoli! L'orrendo cigolio della porta metallica ha coperto completamente un nuovo annuncio. Davvero, quando le cose non girano… Ma non posso lamentarmi, per lo meno non sono rimasto fulminato. Entro e mi richiudo la porta alle spalle. E al diavolo il rumore.

Che però è davvero tremendo, da dare l'impressione che in tutta l'isola non abbiamo udito altro. Perciò, meglio non attardarsi. La perlustrazione del posto è sbrigativa. Niente più che una vecchia poltrona, un portadocumenti in metallo abbandonato e, sfortunatamente, non una sola traccia dell'entrata di un sotterraneo. E allora via, e di nuovo il cigolio dell'orrore…

Anche se, dentro di me, tutto mi dice richiudere la porta, proprio non ce la faccio. Il rumore è insopportabile. Per allontanarmi più velocemente decido di rimanere sul sentiero, sempre in direzione opposta alla città. Tanto più che il ciglio è bordato da cespugli. Mi permetteranno di nascondermi, così posso aggiornare la mappa e trovare il posto migliore dove continuare l'esplorazione. Giunto all'altezza del primo arbusto, controllo che sia pulito quanto quello di prima. Incredibile, questi cespugli sembrano bagni giapponesi. Mi ci intrufolo tranquillamente dentro e dispiego la mappa. Metto una croce sui posti già esplorati e segno per filo e per segno il percorso che mi sono prefissato. In questo modo, dovessi anche rivoltare senza successo tutti gli edifici dell'isola, almeno saprò con esattezza quali zone inesplorate mi rimangano da visitare.

Sono lì che mi sforzo di non fare scarabocchi, quando sento, questa volta molto chiaramente, un annuncio che mi lascia quantomeno perplesso:

«SEI DENTRO LA TEMPESTA: È ORA DI FUGGIRE!»

5

SEI DENTRO LA TEMPESTA: È ORA DI FUGGIRE!

Non mi sento bene. Non so se sia il messaggio ad avermi causato un forte stress oppure se qualcosa nell'atmosfera sia cambiato, in ogni caso faccio fatica a respirare. Devo muovermi. Rinfilo alla bell'e meglio la mappa nello zaino ed esco dal cespuglio. Fuori, è l'inferno in Terra! Non ho mai visto nulla di simile. Il mondo è immerso in una luce strana, dai riflessi viola. Il cielo assomiglia a un mare in tempesta punteggiato da fulmini e scariche elettriche. I tuoni rimbombano, assordanti. E – ciliegina sulla torta – la bufera trasforma le goccioline di pioggia in vere e proprie frecce che mi trafiggono in volto. Il miglior suggerimento della giornata me l'ha dato il minialtoparlante dello zaino: fuggire!

Ma dove? In che direzione? Impietrito dalla paura come un coniglietto abbagliato dai fari di un'auto, mi guardo intorno senza la minima idea sul da farsi. Scorgo davanti a me, a un centinaio di metri, una capanna di legno appollaiata su quattro piloni. Ricorda una piccionaia. Potrebbe essere una soluzione, e questo fa scattare

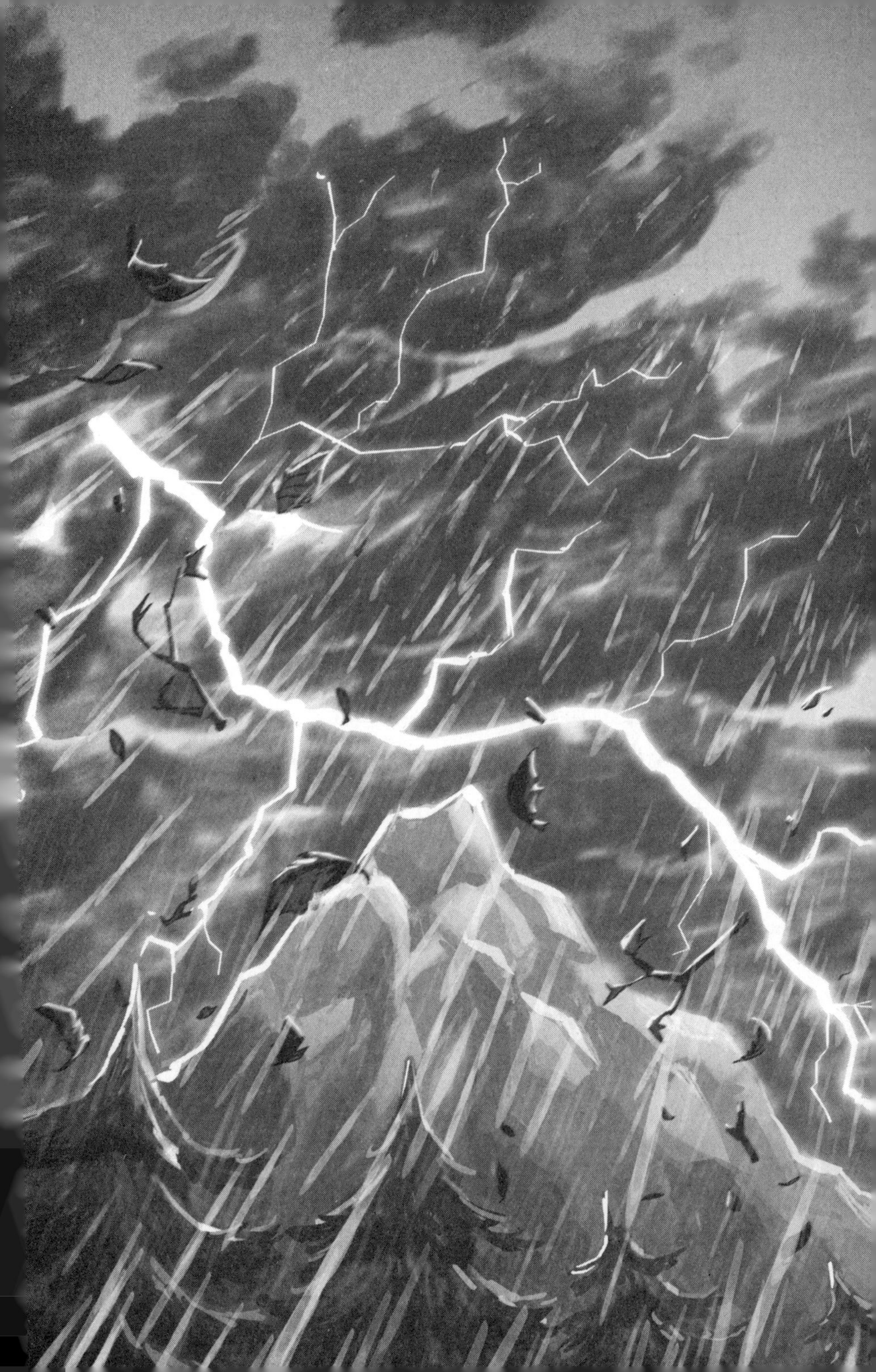

in me qualcosa che mi ridà l'uso delle gambe. Mi precipito. Giunto lì vicino, però, mi accorgo che non ci sono scale. Devo trovare un'altra soluzione. Correndo sento la vita fluire via dal mio corpo, a poco a poco, come se qualcuno avesse dimenticato di richiudere il rubinetto. A questo ritmo non reggerò a lungo, bisogna che trovi al più presto un riparo. Costeggio le pendici di una collinetta. Dietro, l'orizzonte si allarga e mi offre uno spettacolo quantomeno inaspettato. Un'immensa barriera bluastra, più o meno trasparente, sembrerebbe contenere la tempesta. Che diavolo è questa storia? Senza smettere di correre a più non posso, osservo questo fenomeno che da terra sale sino in cielo. Mi chiedo se quella «cosa» sia solida, elettrificata, pericolosa, e soprattutto se potrò attraversarla! In ogni caso non ho scelta, perciò mi lancio a perdifiato. Più mi avvicino, meglio riesco a distinguere in dettaglio com'è fatta. È percorsa da striature bianche e composta da una materia in continuo movimento che le conferisce l'apparenza di qualcosa di vivo. Dall'altra parte l'atmosfera sembra assolutamente tersa.

Mi separano ormai solo pochi metri. Misuro i passi del mio galoppo in modo da prendere lo slancio con la mia gamba più forte e riuscire a imprimere al salto maggiore potenza e lunghezza. Tre, due, uno! Lanciato a tutta velocità, mi scaglio per aria a occhi chiusi. Cerco di prolungare il più possibile la traiettoria roteando le braccia e… BINGO! Atterro dall'altra parte, senza il minimo graffio. Uff. Per un pelo. Riesco di nuovo a respirare normalmente e mi sento subito molto meglio. È la prima volta, da quando mi trovo da queste parti, che assisto a un cataclisma simile. Cosa può aver scatenato questo fenomeno? Non c'è che dire, le sorprese sono ben lontane dall'essere finite.

La barriera emette un crepitio piuttosto intenso. Dev'essere un campo magnetico o qualcosa di simile a permettere a quella cosa di arginare l'inferno che si scatena dall'altra parte. Non resisto e mi riavvicino per osservarla meglio. È sottilissima, quasi un velo. Sulla superficie, in modo assolutamente aleatorio, appaiono e scompaiono dei quadrati trasparenti. Mi fa venire in mente un computer colpito da un bug. Forse siamo prigionieri nella Matrice! Sento il desiderio di toccarla, giusto per vedere che succede. Il battito del cuore accelera. Del resto ci sono passato attraverso senza problemi, quindi non c'è ragione perché ora debba farmi male. Avanzo passo dopo passo, poi allungo la mano, sto per spingere le dita attraverso… euh, ho calpestato qualcosa di molle! La sensazione di disgusto è immediata. Chino il capo per osservarmi sotto il piede e scoprire cosa diavolo ho pestato… Oh! Un fungo! E non un fungo qualsiasi: un fungo blu. Davvero, qui si passa da *Matrix* a *Super Mario*. Uno sbalzo che comincia a sembrarmi normale, da queste parti. Mi chino per esaminarlo, mi accovaccio, e in quel momento sento sei fischi in rapida successione. Nessun dubbio sull'origine: un'arma automatica. La vera domanda da porsi è: da dove provengono gli spari? Giurerei che arrivino da dentro la tempesta.

Infilo la testa attraverso la barriera per verificare. Al solo sporgere la bocca, mi sento già soffocare. Dovrei indietreggiare, fuggire, ma sono come ipnotizzato da ciò che scopro al di là. Un uomo, o una donna, non saprei dirlo, sta precipitandosi verso di me a balzelloni. Dalla pistola sparacchia colpi al ritmo di un caricatore dopo l'altro, anche se, fra la galoppata in mezzo alla tempesta e il saltellare incessante, gli è quasi impossibile prendere la mira. Ma una cosa mi affascina più di tutto, ed è il fatto che al posto della testa ha un enorme pomodoro! Non ho mai assunto droghe, e non ho in progetto di cominciare, ma a questo punto cominciano a venirmi seri dubbi a proposito della composizione dell'aria distillata da questa strana tempesta. Giunto ormai a pochi metri da me, tutt'a un tratto l'aggressore si volatilizza. Un piccolo drone si è materializzato sopra la sua testa e l'ha come aspirato, poi è scomparso a sua volta. Alla fine non sono rimaste che una pistola e un po' di munizioni.

Gli spasmi che mi torcono la pancia mi ricordano che non devo restare troppo a lungo nella zona contaminata. Balzo indietro. Ma in che posto assurdo sono finito? Mi guardo attorno. Respiro a fondo, tentando di alleviare la pressione che mi rimescola le budella. Cosa diavolo mi succede? A parte il crepitio della barriera, tutto è tranquillo da questa parte, come se niente fosse. Ancora una volta mi sento perso. Faccio molta fatica a distinguere ciò che è reale da ciò che non lo è. Forse sono semplicemente allucinazioni provocate dai gas della tempesta... Come saperlo? Di sicuro, restare lì con le mani in mano non servirà a niente, devo rimanere concentrato sul mio obiettivo e proseguire l'esplorazione.

In lontananza sulla destra, alcuni pini nascondono un gruppo di edifici, che sembrerebbero hangar. A sinistra, più vicino, due case, una di fronte all'altra. Non sarà il posto ideale per scovare passaggi sotterranei ma va detto che da queste parti niente è come ci si aspetterebbe, perciò è forse meglio dare un'occhiata. Se non salta fuori nulla, sarà il turno degli hangar. Rincuorato dall'esser scampato alla tempesta ma ancora un po' sotto choc, mi incammino tranquillo verso la nuova destinazione. Ah, perbacco! Il fungo! In tutto ciò, mi sono quasi dimenticato della mia piccola scoperta. Mi accingo a fare marcia indietro, quando il minialtoparlante sputacchia un messaggio poco invitante:

«L'OCCHIO DELLA TEMPESTA SI STA RIDUCENDO...»

Mi fermo di botto. Ho appena il tempo di voltarmi, e di nuovo ripiombo nell'inferno di piovaschi, fortunali, gocce simili a coltelli e luce violetta. La barriera di protezione si sta allontanando a una velocità pazzesca. Mi lancio all'inseguimento, corro più veloce che posso ma non è sufficiente. È molto più rapida di me. Mi resta solo una possibilità: le case. Mi precipito verso la prima che scorgo.

Mi restano pochi metri prima di raggiungere l'ingresso. Prego perché la porta non sia chiusa a chiave o che, per lo meno, qualcuno da dentro voglia aprirmi. Con un salto scavalco una piccola recinzione – non c'è tempo per le buone maniere – agguanto la maniglia, la giro e… MIRACOLO!

La porta si apre con un cigolio. La richiudo di corsa e noto, con orrore, che la cosa non sortisce alcun effetto sullo scatenarsi degli elementi. Gulp. Non è cambiato nulla. Che ci siano finestre aperte? Faccio il giro del pianterreno. Oltrepasso un minuscolo passaggio e mi ritrovo in una cucina da cui si innalza una doppia scalinata. Sembra tutto ben chiuso. Salgo i gradini a quattro per volta diretto alle camere. Ansimante, arrivo su un pianerottolo. È tutto chiuso, esattamente come al pianterreno. Entro in una camera e scopro che costituisce l'unico locale del piano di sopra. Non c'è via di scampo al veleno che poco per volta mi sta succhiando la salute.

Senza esitare un solo istante, ridiscendo di gran carriera. Forse il seminterrato sarà isolato meglio. A scuola era venuto un pompiere professionista per insegnare a tapparsi in bagno in caso di incendio. Ricordo tutto perfettamente. Inumidire un lenzuolo, infilarlo sotto la porta, poi rifugiarsi nella cabina doccia o, meglio ancora, nella vasca, se ce n'è una. Sceso da basso, la delusione.

Malgrado la totale assenza di aperture, la tempesta si è propagata in ogni angolo dell'edificio. Piove all'interno! Com'è possibile? Sento che non resisterò a lungo prima di perdere i sensi. Che diavolo di catapecchia è mai questa, senza un bagno?! E quella che doveva essere una cantina, è stata trasformata in un ufficio. In un angolo scorgo un divano, è un po' muffo ma a questo punto non me ne frega niente di acari e pulci: non ho né la voglia né le forze per tornare di sopra e cercare altre soluzioni. Mi schianterò lì, e punto. Sprofondando nell'imbottitura scadente, tento qualche esercizio di respirazione profonda nella speranza di recuperare un po' di calma. Inutile. Accanto a me c'è un grande *rack* con server e materiali informatici. Poco più in là, una scrivania ben illuminata. Nell'angolo opposto giacciono due massicci *flight case*, poi un gigantesco cavalletto con ruote e sopra... un'enorme telecamera! Do fondo alle ultime energie che mi restano, per alzarmi e toccare l'apparecchiatura. Voglio essere certo che non si tratti di un'allucinazione. È magnifica, con ogni sorta di levette e pulsanti di regolazione. Non ne avevo mai vista una dal vero, è fantastica! Una vera telecamera cinematografica! Ma a quel punto sento che sto davvero per esplodere dalla gioia: la stanza è dipinta per metà di verde fluorescente! Mi avvicino a una delle pareti per verificare. Gratto leggermente e riesco a scalfire un po' la superficie. Scommetto che si tratta di una di quelle vernici speciali usate dai professionisti per realizzare effetti speciali! Il cuore mi batte all'impazzata. Di fronte a me c'è un'intera installazione per riprese professionali. Ci siamo, finalmente ho trovato la prima prova concreta che su quest'isola c'è davvero una troupe cinematografica!

Sono stremato ma, per lo meno, non ho fatto tanta strada inutilmente. Tiro fuori la mappa per segnare con cura questo posto. Non ho idea di come andrà a finire con la tempesta, né quali saranno le conseguenze sul futuro della ricognizione, ma più avanti, se mi sarà possibile, sarà qui che tornerò per proseguire la mia piccola indagine. Partecipare a queste riprese è il mio sogno, e lo realizzerò! Non importa quante prove mi toccherà affrontare, né quanto tempo impiegherò. Ce la farò. Non avrei mai immaginato che sarebbe stato così difficile ma non devo perdere le speranze, devo restare ottimista, positivo: avevo ragione sin dall'inizio! Lo so, l'ho sempre saputo, sono nato per fare l'attore, per diventare una star…

6

TERZA PORTA A DESTRA

Qualche mese fa…

«Paul! Apri un po' gli occhi, ragazzo mio… Non diventerai mai un attore. E poi, attore… interprete cinematografico… saranno mica dei mestieri, questi! Invece di restare lì a girarti i pollici, mettiti un po' a studiare per la maturità!»

«Ah sì? E questo cos'è, allora?»

Con la mano malferma, in preda alla paura e alla rabbia, sventolo sotto il naso di mio padre un ritaglio di giornale con un annuncio cerchiato in pennarello giallo. Lo afferra, si sistema gli occhiali e, mangiandosi una parola sì e una no, si mette a leggere.

«Uhm… URGENTE: cercasi comparse per un film bla bla bla… Ma sei serio? Credi davvero di diventare qualcuno, con robe del genere? È il tuo progetto di vita? Finire sotto un ponte?»

Recupero il brandello di carta spiegazzato, giro sui tacchi e me torno brontolando in camera mia.

«Sì sì… Ma non venire a piangere da me o a chiedermi nulla, quando sarò diventato una star!»

«E invece vedrai che in futuro mi ringrazierai di non averti fatto perdere tempo!»

Due mesi fa…

Sono in preda all'agitazione più totale. Mi tremano un po' le mani. Questa lettera sembra pesare una tonnellata, se non di più. E io non ne ricevo mai, di lettere. E-mail, WhatsApp, notifiche di ogni genere, ovviamente sì. Ma lettere, mai. O almeno nessuna scritta su carta vera. Be', forse esagero… pubblicità, cose amministrative, di questa roba ne ricevo. E non perdo tempo ad aprirla. Lascio che tutto finisca sistematicamente nelle mani esperte di mia madre.

Questa volta, però, è diverso. Quella dell'indirizzo è la mia scrittura, e mi da una strana sensazione, un po' come se avessi scritto a me stesso. Tiro un profondo respiro, poi apro la busta:

«Caro signore, abbiamo il piacere di comunicarLe che la Sua candidatura per le riprese del film della regista Jane Doe è stata accettata. La invitiamo cortesemente a presentarsi il giorno…»

YEAHHHH!!! Con un grido pazzesco salto sul letto e comincio a rimbalzare freneticamente, neanche cercassi di spegnere un incendio. Stringo la lettera al cuore, ancora e ancora. Bisogna sempre avere fiducia, bisogna credere nei propri sogni.

Un mese fa…

Di fronte a me c'è un edificio dalle proporzioni scandalose. Quante persone ci vorranno per riempire gli uffici di un grattacielo simile? Un'infinità, senza dubbio… Fra le mani stringo la mia preziosa lettera mentre, con lo sguardo, vado e vengo fra il foglio e il numero civico.

È proprio qui, sono arrivato, e muoio di paura. Se poi cambiano idea? Se non mi accettano al provino? Sento le budella attorcigliarsi in ogni verso, fa un male cane.

Alla fine spingo il battente e percorro i pochi metri che mi separano dalla signora che siede alla reception. Le mie gambe sono come gelatina.

«Buongiorno».

Tutt'a un tratto non riesco quasi più a deglutire la saliva.

«Mi chiamo Paul».

«È scritto sui pannelli, non sai leggere?»

«Ehm… scusi?»

«In fondo al corridoio, terza porta a destra! Basta seguire le frecce! Che ci sarà mai di così difficile?»

A quel punto si rimette a parlare come se me ne fossi già andato.

«... Non ci credo... Mi tocca farlo per tutto il giorno, proprio a me? Ti prego, dimmi che non è vero!»

«... No, mi scusi, ma è per le riprese...»

«...»

«... Sono attore...»

«...»

«... Cioè, comparsa...»

«Ah sì? Attore? Ma è fantastico... In questo caso, in fondo al corridoio, terza porta a destra».

«... Grazie...»

«Scusi ancora... Un bagno, per piacere?»

«Stesso corridoio ma proprio in fondo, ultima porta».

Alza la testa e mi fissa dritto negli occhi.

«E lascialo pulito come l'hai trovato, chiaro?»

«Mi scusi?»

La pressione sulla vescica si sta facendo davvero insopportabile. Fra poco cadrò in preda alle convulsioni lì davanti.

«Su, vai!»

Non mi faccio pregare, mentre lei, fra un sogghigno e l'altro, mi regala un ultimo avvertimento.

«Niente sigarette, eh?! E NEPPURE DROGHE!»

Perplesso, accelero ancora di più il passo. Non vedo l'ora di scomparire dalla sua vista e soprattutto di non sentire più i suoi commenti. Qualche minuto dopo, finalmente liberato, torno a sentirmi in piena forma. Malgrado la paura di arrivare in ritardo, ho deciso di rimanere in bagno ancora un po'; voglio evitare di affrontare di nuovo l'arpia. Ma subito cambio idea: più passano i minuti, più la mia assenza diventa sospetta. Ancora un po' nervoso, mi sforzo di sorridere e apro la porta con fare sicuro. La donna non è più al suo posto. Fiuuu. Sarà andata a prendersi un caffè. Il decimo della mattinata, scommetto. Non mi stupisce che sia così aggressiva. Bene, via libera! Ora che mi sono lasciato alle spalle guastafeste e uccellacci del malaugurio, sono pronto per entrare nella grande famiglia del cinema. Carico a mille, conto le porte che mi separano dal mio sogno.

Quale porta aveva detto? La prima? No, no, no... la terza. Ha detto la terza porta. Una... due... ecco la terza. Respiro a fondo. Ricorderò questo istante per tutta la vita! Due colpetti sulla porta. Nulla. Mi schiarisco la voce, come se questo conferisse maggiore sicurezza ai miei gesti. Mi guardo attorno, senza scorgere anima viva. Prendo il coraggio a due mani e busso di nuovo, tre colpi, energici questa volta. Senza successo. È piuttosto imbarazzante. Eppure la signora mi aveva proprio detto terza porta a destra. Niente panico, dev'esserci per forza una spiegazione logica. Respira, calmati, rifletti. Non aveva alcuna ragione per mentirti...

Tornare indietro e domandare di nuovo è l'ultima cosa che voglio. Mi sono già sorbito la mia dose di umiliazione giornaliera. Chiudo gli occhi, mi concentro, cerco di ripercorrere l'intero iter dal mio arrivo. Uhm. Bla bla bla, Ok, ecco, sì, bla bla bla... Ci sono! Era una sciocchezza! Arrivo dal fondo del corridoio, perciò non è a destra che devo bussare, ma a sinistra! Venendo dalla direzione opposta, bisogna invertire il punto di vista! BINGO! Mi volto e mi indirizzo alla porta giusta. Per terra scorgo un foglio di carta con due pezzettini di scotch sugli angoli. Dev'essersi scollato dalla porta. Mi chino per raccoglierlo. C'è scritto «Entrate senza bussare». Dalla hall mi giunge un rumore. Sarà la donna-drago che ha finito di abbeverarsi? In un batter d'occhio apro la porta e mi dileguo all'interno della stanza.

Mi accoglie una ragazza.

«Buongiorno, e benvenuto a Ne Rimarrà Soltanto Uno Productions».

«Buong...»

Non riesco a finire la frase che già la ragazza sta continuando:

«Le chiedo di sedersi qui e compilare i vari contratti che abbiamo preparato per lei. Sigli con le iniziali in calce a ogni pagina, e firmi per esteso alla fine. Se ha dei dubbi, non esiti a domandare!»

«Grazie m...»

«Si sieda pure. Lì trova una penna e un po' d'acqua. Una volta terminato, potrà proseguire nell'altra stanza. La nostra équipe medica sarà felice di verificare che nulla le impedisca di imbarcarsi con noi in questa formidabile avventura».

«...»

«Se ha dei dubbi, non esiti a domandare!»

Prendo un contratto e faccio finta di scorrerlo voltando pagina dopo pagina, senza leggerlo.

«Apponga le sue iniziali su ogni pagina e firmi sull'ultima».

«Sì, sì».

«Mi raccomando, si accerti bene di aver esaminato, siglato e firmato tutto, altrimenti non potrà unirsi a noi per vivere l'incredibile avventura che la attende. Che ci attende».

Abbozzo un cenno di assenso. Venti minuti dopo, ho finito il mio compitino di letteratura. Appena sfioro il tavolino con la penna, la ragazza mi fa cenno di alzarmi e seguirla.

«Ecco qui, non dimentichi di apporre il suo nome, cognome e indirizzo su queste buste preaffrancate... Molto bene... Ora le chiedo gentilmente di seguirmi. Nella stanza qui accanto, – vede quella porta? sì, proprio lì – c'è una piccola cabina. Può entrare e depositare i suoi effetti personali. Dall'altra parte, quando sarà pronto, la attende un medico».

Fa una piccola pausa e mi squadra dalla testa ai piedi.

«Per risparmiare tempo può mettersi direttamente in mutande».

Mi accingo a metter mano al bottone dei jeans.

«All'interno, giovanotto... all'interno. Se ha dei dubbi, non esiti a domandare!»

Annuisco con un piccolo cenno nervoso.

«Ecco, la lascio fare con comodo, non ne avrà per troppo tempo».

E così, eccomi in mutande, seduto su tre assicelle di legno facenti funzione di panca, con i vestiti appesi all'attaccapanni alle mie spalle, che occupano quasi tutto il bugigattolo. La situazione è particolarmente scomoda. Ho la sensazione di aspettare il mio turno in piscina, senza però la certezza di potermela, di lì a poco, spassare a mollo. Alla fine un simpatico ometto barbuto dal volto semicoperto da un grande paio di occhiali mi apre la porta e mi accoglie in una stanza enorme. Una volta entrato, scopro apparecchiature incredibili di ogni sorta, con tubi e pompe, poi una cyclette, un tapis roulant... Alle pareti, come unico ornamento, una moltitudine di pensili pieni di ogni sorta di flaconi e prodotti multicolori. L'uomo, senza prestare minimamente attenzione alla mia persona, torna verso l'imponente sedia imbottita dietro alla

scrivania. Si siede, dopodiché mi fa un cenno col capo di accomodarmi davanti a lui. Si sistema gli occhiali e comincia a leggere un fascicolo. Qualche minuto di lettura, poi risolleva il capo tanto da riuscire a guardarmi al di sopra delle lenti. Finalmente rompe il silenzio.

«Precedenti familiari di sua conoscenza?»

«Nessuno. Ma conto di dare io la svolta! È per questo che mi trovo qui».

Il medico si lascia sfuggire un piccolo sospiro di sfinimento mentre con le dita della mano destra tambureIla sulla scrivania. Sembrerebbe che stia radunando le parole in testa ma ancora non sappia in che ordine pronunciarle. Tira un profondo sospiro, poi continua.

«Allergie?»

Esito. Mi piacerebbe rispondere «alla scuola» ma ho la sensazione che non sia il momento adatto per scherzare.

«Nessuna».

«Problemi con punture o prelievi del sangue?»

«... No...»

A quel punto il dottore spinge verso di me un piccolo vassoio. Dentro c'è un pillolina rossa e un bicchierino di plastica, pieno di un liquido sconosciuto.

«Perfetto. Cominci col prendere la pillola. È un farmaco che le servirà, durante la sua avventura. Così vediamo come il suo corpo reagisce alla nostra piccola molecola della casa!»

Al termine di un'ora di check-up completo, comprensivo di vari test di resistenza, elettrocardiogramma e analisi di routine di pressione, vista e udito, il medico mi invita a rivestirmi. Ne approfitta per indicarmi un'altra sala, in cui un suo collega mi sta aspettando per un altro colloquio. Prima di abbandonare la stanza, mi volto e domando:

«Ma è sempre così per ogni film?»

«Mi scusi?»

«Fate sempre così con qualsiasi attore?»

«Non so di cosa stia parlando, giovanotto. La prego di scusarmi ma io mi limito a quel mi dicono di fare, punto».

Sto per replicare ma il medico apre la porta di un'altra cabina e lascia entrare un nuovo paziente. E così mi ritrovo in una nuova sala, al cospetto di una donna un po' avanti con gli anni, anche lei provvista di vistosi occhiali. Che sembrano rimanerle, come per miracolo, in equilibrio proprio sulla punta del naso. Non riesco a distoglierne lo sguardo. Una catenina d'argento appesa ai due bastoncini garantisce una ragionevole sicurezza. Ma il desiderio di allungare la mano e assicurarglieli più in alto, per evitare che cadano, è comunque incontrollabile. In quel mentre, parte con una sfilza di domande a ripetizione, fra cui:

Si sente bene con se stesso?

Fuma?

Soffre di allergie, fobie, malattie ereditarie?

Ha mai assunto droghe?

Ha mai sentito il desiderio di uccidere i suoi genitori? Un parente? Degli sconosciuti?

Mentre rispondo, osservo la punta della sua penna percorrere il questionario. E noto che, nonostante sia giunta in fondo, la signora continua lo stesso la sua intervista:

«Qual è la capitale dell'Assiria?»

«Mi scusi? La capitale de...»

Senza batter ciglio mi fissa dritto negli occhi, poi scoppia in una risata tonante che non sarebbe dispiaciuta allo stesso Joker.

«Niente panico, giovanotto, è una battuta di un film vecchio quasi quanto me! Eh, sì, decisamente non siamo della stessa generazione. Non importa. In ogni caso abbiamo terminato! Può tornarsene a casa bello tranquillo e riposarsi. Ne approfitti, perché ne avrà bisogno! Non abbia paura, la contatteranno nei prossimi giorni».

Mi alzo e mi avvio all'uscita. Sto per aprire la porta, quando si rivolge a me un'ultima volta.

«Sa, ci vuole un gran coraggio per fare quel che sta facendo. Ne ho visti tanti rinunciare all'ultimo momento».

Fa una pausa, poi mi regala un sorriso caloroso e amichevole.

«Non credo che avremo più occasione di rivederci. Perciò, buona fortuna giovanotto!»

7

IL FONDALE VERDE SPERANZA

Apro lentamente gli occhi. Non posso crederci. Anche dopo quella spaventosa tempesta, rieccomi sull'Isoletta! Dietro questo incantesimo devono esserci i farmaci sperimentati nel corso dei test. Sono talmente tante, da queste parti, le cose che non riesco a capire. Volete dirmi che tutti sapevano in quale inferno avrei messo piede? E cosa c'entra tutto questo con le riprese del film? Cosa c'entrano le comparse? No, tutto ciò non ha alcun senso, va al di là della mia comprensione. Sia come sia, non mi sembra di avere scelta. Sono prigioniero qui e devo trovare un modo per fuggire.

Con tutto quel che è successo, qui intorno a me sull'Isoletta regna sempre la solita frenesia di balli, spari e costruzioni. Roba da matti. Quasi quasi comincio a prenderci gusto, in questo subbuglio perenne. Mi sento sempre di più a casa. Ciò non significa che abbia perso di vista il mio nuovo obiettivo: tornare nella casetta dove c'era l'enorme telecamera. Prima o poi, nel corso della giornata, una troupe dovrà pur passare da quelle parti per lavorare. Mi basterà aspettare lì e qualcuno, un bel momento, finirò per incontrarlo. Quanto alla tempesta, mi regolerò al momento opportuno. Ormai so della sua esistenza, e il minialtoparlante mi avvertirà del suo arrivo. Non mi lascerò più cogliere di sorpresa! Forse, muovendomi con un po' di anticipo e correndo nella giusta direzione, posso fare in tempo a sfuggire al suo malefico potere… Vedremo.

Rannicchiato sulla panca del bus, studio la mappa. Secondo i miei appunti non stiamo per nulla andando in direzione della famosa cantina. Ci metterò un bel po' per tornarci. Pazienza, anche perché, ripeto, non è che abbia scelta…

Sto planando già da alcuni minuti. Intanto ammazzo il tempo osservando le forme disegnate dalla geografia della Grande Isola. È una cosa che di solito faccio con le nuvole. Basta un minimo di attenzione, e in cielo si può scoprire un vero e proprio zoo. Nel mio carniere, quando è ben pieno, cadono elefanti, triceratopi, formiche e mantidi religiose. Ma va detto che, prima di questa avventura, trascorrevo la totalità del tempo a terra con i piedi ben piantati al suolo, e non per aria, appeso a mo' di prosciutto a un deltaplano artigianale. In questo momento sto librandomi in prossimità del grande lago centrale. Non ha nulla di particolarmente eccitante. Di notte, da molto lontano e senza molta convinzione, si potrebbe paragonarlo a una banale farfalla. Poco più a nord, una miniera a cielo aperto delinea vagamente i contorni di un ombrello. Sorrido.

Sorvolando la principale città dell'isola, quella con gli edifici più grandi e dove gli scontri a fuoco impazzano in continuazione, il filo dei miei pensieri viene troncato. Esplosioni! Intensità e vicinanza non lasciano dubbi sulla zona in cui mi trovo. Ma ho calcolato la traiettoria in modo da mantenermi a distanza di sicurezza da questo paradiso del caos. In ogni caso, non sono lontano dalla mia meta finale. Se tutto va per il verso giusto, dovrei riuscire a posarmi come un fiorellino a pochi metri dalla recinzione che circonda la casa. Tecnicamente potrei persino atterrare proprio sull'uscio ma, anche se le buone maniere sembrano scomparse da questo lembo di universo, preferisco mantenere viva qualche regola di buona educazione. Non si sa mai…

Atterro sull'erba come fosse bambagia. Trattengo il respiro per alcuni secondi, così da cogliere eventuali segni di vita ma il luogo, a parte il pulsare della natura, sembra disabitato. Ridò aria ai polmoni, mentre lancio una rapida occhiata dalle finestre. Niente. Nessuno. Scavalco la recinzione e mi dirigo verso l'ingresso. Dopo aver bussato sul battente in legno con due colpetti lievi, poi tre energici, mi risolvo a entrare. Nulla è cambiato dalla prima visita. Dedico qualche istante a ispezionare i luoghi. È tutto vetusto, malandato… Il che non lascia ben sperare. Ma perdere tempo al pianterreno è inutile. È ora di scendere di sotto. Anche qui, nessun cambiamento. Ritrovo sfondo verde e attrezzature esattamente come li ho lasciati. Sembra proprio che, da queste parti, non venga più nessuno. E io che mi sono fatto tutto un film… In altre circostanze, avrebbe anche potuto essere un bello scherzo.

Esasperato, mi lascio cadere di peso sul divano. Ne consegue uno scricchiolio che mi atterrisce. Se questo rumore è venuto dalla mia colonna vertebrale sono spacciato. Mi osservo i piedi e provo a muovere le dita. Fiuuu… tutto funziona a dovere. Con estrema fatica cerco di estrarmi da quello che ormai assomiglia più a un futon che a un divano. Giurerei che ci sono braccia invisibili che mi bloccano ma alla fine, con un ultimo sforzo, riesco a rimettermi in piedi. Mi volto, pronto a sfidare la trappola da cui sono appena riuscito a liberarmi. Ed è lì che scorgo…

«CHHHHHH… TEMPESTA IN ARRIVO TRA 59 SECONDI… CHHHHHH!»

Ops. È uno degli annunci che mi sono sfuggiti l'ultima volta. Un'allerta meteo. Non è esattamente ciò che chiamerei una bella notizia… ma buono a sapersi. Questa volta sarà meglio che mi sbrighi a uscire e trovare un modo per sfuggire alla bufera. Non ho voglia di ripetere l'esperienza di ieri.

Dal cedimento del divano è emerso quello che ha tutta l'aria di essere uno schizzo. Forse potrebbe offrire una chance di...

«CHHHHHH... L'OCCHIO DELLA TEMPESTA SI RESTRINGERÀ FRA 3 MINUTI E 19 SECONDI... CHHHHHH!»

Il tempo stringe, devo muovermi. Sgombro il campo dai resti del divano e dissotterro la mia scoperta. Bingo! È un disegno che rappresenta un tratto di strada costeggiato su un lato da un'enorme sedia, e sull'altro, da una casetta sul cui tetto è posata in equilibrio un'auto. Il tutto è dominato da un enorme albero che troneggia in cima a una collina. L'artista non ha firmato l'opera ma si è preso comunque la briga di aggiungere, in un angolo, una piccola rosa dei venti. Sembrerà un dettaglio, ma questo simbolo indica chiaramente che siamo di fronte a una mappa. Yesss! E la presenza di un'enorme croce rossa segnata con tratto leggero sopra alla casetta con la macchinina, non lascia più dubbi: quella che ho fra le mani non è una mappa qualsiasi, ma una mappa del tesoro!

«CHHHHHH... L'OCCHIO DELLA TEMPESTA SI STA RIDUCENDO... CHHHHHH!»

Questi allarmi sono davvero stressanti… Non ho la più pallida idea di cosa si nasconda dietro l'enigma di questo schizzo, ma intendo assolutamente scoprirlo! Sarà stata la troupe a lasciarla lì? O qualcuno come me, che ha lasciato dietro di sé indizi che indicano una via di uscita? Sia coma sia, mi fido del mio intuito. Non mi importa quanto tempo ci metterò, ma ce la farò.

Mi basta reperire sull'isola almeno uno dei tre elementi, e il resto verrà da sé. L'albero gigante sulla collina… meglio lasciar perdere. Di alberi, ce n'è a bizzeffe da queste parti. La sedia… tutto dipende dalle dimensioni. Sullo schizzo sembrerebbe decisamente imponente ma ho la sensazione che il rispetto delle proporzioni non fosse una priorità del disegnatore. In compenso, un'auto su un tetto! Una cosa del genere, non può passare inosservata!

«SEI DENTRO LA TEMPESTA: È ORA DI FUGGIRE!»

Noooo! Ci sono ricascato! A rotta di collo risalgo le scale, devo uscire al più presto dall'edificio. Le gocce mi sferzano in volto e sento calare l'energia vitale. Corro come un fulmine da una stanza all'altra, diretto alla porta di ingresso. Ma qui, puntate sul naso, mi ritrovo le due canne di un fucile a pompa. Dentro di me tutto si paralizza. Cuore, respirazione, speranze. Di colpo tuona un'esplosione assordante. Di una potenza tale da farmi chiudere gli occhi.

Quando mi decido a riaprirli, l'arma, poco prima incollata alle mie narici, giace ai miei piedi. Il proprietario si è volatilizzato. Al suo posto c'è una ragazza. Mi sta fissando dritto negli occhi. Nessuno dei due, malgrado il diluvio, muove un muscolo. All'improvviso, nel pieno dell'infuriare di lampi e scariche elettriche, lei sguaina una bomboletta di vernice e tagga qualcosa per terra. Poi, con un balzo, mi volta le spalle e si mette a fuggire di corsa dalla tempesta. E avviene qualcosa di assolutamente incredibile. Sotto i suoi piedi appaiono assi di legno che man mano formano una rampa che sale dritta verso il cielo, in direzione sud. La ragazza deve appartenere alla casta dei costruttori. La sto ammirando allontanarsi nella luce violetta della bufera quando, improvvisamente, scompare con un rumore molto strano. La detonazione mi fa l'effetto di un elettrochoc. Finalmente riprendo contatto con la realtà. Devo muovermi. Forse ho ancora tempo per scamparla anch'io. Mi getto all'inseguimento. E subito mi blocco: voglio dare un'occhiata al disegno che ha lasciato prima di fuggire. È un nugolo di cuoricini rossi.

Wow! Cosa vorrà dire? Prima mi salva la vita, poi lascia questo messaggio? Forse è solo una firma. Dopo tutto i tag non sono altro che nomi, marchi per segnare il territorio, mai dei messaggi personali. Intanto la

tempesta imperversa e io sto soffocando. Non resisterò a lungo se resto piantato lì. Mi lancio sulle sue tracce. Salire su per la rampa mi fa un po' paura... ma mi resta altra scelta? Le assi di legno, malgrado i poco rassicuranti scricchiolii prodotti dalla mia corsa, sembrano però tenere. E io comincio a prendere sempre più quota.

Dopo un po' la rampa sfocia su una piccola piattaforma che ospita uno strano marchingegno. Assomiglia a un disco, abbastanza massiccio, fissato a terra con quattro piedi apparentemente robusti. I bordi, da cui fuoriescono dei cavi, sono disseminati di lucine. Il tutto ricorda un po' un varco per il teletrasporto. Cominciano a tremarmi le gambe... E se fosse una via di uscita verso il mondo reale? Ritroverò finalmente la libertà? Non potrei affermarlo con certezza ma ho l'impressione che lì, nel pieno di pioggia e lampi, delle lacrime stiano imperlando i miei occhi.

All'uno, al due... Spicco un salto sforzandomi di atterrare il più possibile al centro del marchingegno.

Oh-oh! L'arnese, a quel punto, reagisce come un trampolino da gara e, con un impressionante rumore di pressione che si sfoga e di molle che scattano, mi scaraventa per aria a una velocità allucinante. Preso dal panico, apro inavvertitamente il deltaplano. L'accelerazione, unita alla traiettoria del salto, mi proietta nel giro di pochissimi secondi fuori dal tumulto delle intemperie.

Sto planando ormai in una zona sicura, la tempesta è alle mie spalle. Mi volto per osservarla. Dalla mia posizione godo di una visuale impareggiabile, e posso comprendere tre cose sul suo funzionamento. La prima, che la tempesta si comporta un po' come un ciclone, con un «occhio» centrale dove si è al sicuro e si respira normalmente. La seconda, che si sposta a intervalli sull'isola. L'ultima, la meno incoraggiante, è che man mano che il tempo passa, il centro inesorabilmente si restringe.

Paradossalmente, quindi, il centro della tempesta è la posizione più sicura. Ma in che modo si dirada la nube tossica? Grazie a un grande ventilatore o qualcosa di simile? O piuttosto viene aspirata? E se la grande croce rossa del disegno indicasse non la posizione di un tesoro ma di uno di questi sistemi di aerazione? È un enigma che devo assolutamente risolvere perché potrebbe essere il mio lasciapassare per la libertà!

Fra una riflessione e l'altra, ispeziono i dintorni. Bisogna trovare un posto tranquillo dove atterrare. Sulla sinistra, in cima a una collina, troneggia un albero maestoso. Più in basso, un imponente ponte in ferro scavalca uno dei due fiumi che tagliano a metà l'isola; alle due estremità ci sono delle piccole capanne. A sud intravedo una specie di fabbrica, mentre proprio di fronte a me, a est, scorgo una casa isolata in cima a un picco roccioso. Decido di scendere lì.

Una domanda mi assilla... chi sarà la ragazza che poco fa mi ha salvato la vita? È incredibile la sua somiglianza con la ragazza che sta sempre in piedi sulla H della pista per elicotteri, sull'Isoletta. Ma se è proprio lei, c'è qualcosa che non mi torna. A che gruppo appartiene? Scommetterei che si tratti di un'impassibile... ma per costruire rampe del genere, e con una tale efficienza e rapidità... per quello ci vuole un costruttore. Non può essere la stessa persona.

Tutt'a un tratto, mentre sono ancora per aria, vedo sorgere una nuova costruzione. È di nuovo lei, la ragazza! Sta usandola per salire verso la casa appollaiata sul picco roccioso. La sua agilità e velocità mi lasciano ancora una volta a bocca aperta. Arriverà molto prima di me, senz'ombra di dubbio. ... E questo che diavolo è?! Da dietro le spalle mi giunge il rumore di un missile. Mentre tento di voltarmi per vedere di cosa si tratti, vedo il razzo di un bazooka sfrecciarmi sotto i piedi! A fare fuoco è qualcuno nascosto in una delle catapecchie del ponte. ... Orrore! Ho capito quali sono le sue intenzioni. Se il proiettile colpisce la struttura mentre la ragazza è ancora sopra, lei non sopravvivrà mai alla caduta... Per fortuna la detonazione è giunta anche all'orecchio della ragazza, che si è subito messa a costruire una rampa lì accanto, indipendente dalla prima. Poi, giunta sulla sommità, in un attimo costruisce un rifugio da cui risponde al fuoco.

L'esplosione dopo, la minaccia è eliminata e la ragazza riparte all'istante in direzione della casa.

Io, invece, a causa del maldestro tentativo di girarmi, ho perso tempo e quota. Non riuscirò mai a raggiungere la cima dell'altura. No, no, no, no… Sono andato a sbattere contro la parete rocciosa, poi miseramente scivolato fino alla base. Mi sento un po' acciaccato ma ancora pronto all'azione.

«CHHHHHH… L'OCCHIO DELLA TEMPESTA SI STA RIDUCENDO… CHHHHHH!»

Oh, no! La tempesta si è rimessa in cammino e si avvicina veloce come un cavallo al galoppo! Usare la rampa? Impossibile: il razzo l'ha distrutta. Non mi rimane altra scelta: devo aggirare il picco roccioso. Spero di ritrovarla dall'altra parte. Coraggio, gambe in spalla!

8

COSTRUIRE UN MONDO MIGLIORE

Sto correndo come un pazzo con la tempesta alle calcagna. Le pendici del picco roccioso che sto aggirando sono irregolari. Un po' come un budino iniziato a cucchiaiate da più lati. Dietro una delle anse mi imbatto in una nuova rampa. Qualcuno, da sud, deve aver raggiunto la sommità da un altro versante. Il rischio di un ennesimo brutto incontro è alto. Ma non mi importa, la struttura mi offre una scorciatoia per sfuggire alla tempesta e, soprattutto, può aiutarmi a ritrovare la ragazza. Salgo i gradini a quattro per volta. Sono in pietra, molto più solidi ed elaborati di quelli che ho utilizzato sinora. A un certo punto mi volto per misurare il mio vantaggio sulla tempesta: posso interrompere la scalata, la tempesta sta segnando il passo, la sua avanzata distruttrice si è fermata. Perfetto. Per quanto tempo, non ne ho idea, ma posso sempre fare affidamento sui miei piccoli comunicati meteo. Riprendo la scalata senza più fretta. Qualcosa mi dice che quel che troverò in cima non avrà nulla a che vedere con un'oasi di pace, e che la scala che sto salendo non porta in paradiso.

Sono tante le cose di cui sento la mancanza, da queste parti. Specialmente la musica. È snervante. Qualche canzone, o anche solo i motivi dei miei brani preferiti, mi aiuterebbero molto a rilassarmi…

Finalmente raggiungo la cima. Sembra tutto un po' troppo calmo. Di fronte a me, vedo uno svettante chalet accanto a una casa a un solo piano sormontata da un enorme comignolo. Sulla destra, abbandonato sull'erba in mezzo al nulla, c'è un container. Come sarà arrivato fin qui? Quatta quatta, questa domanda mi destabilizza nel profondo. Ribalta completamente la mia teoria sui rifornimenti. Se questo cassone è caduto da un carico destinato a una consegna, vuol dire che i rifornimenti di questo posto avvengono per via aerea e non sotterranea. Grrr! Questa storia comincia a darmi sui nervi. Ogni volta che elaboro una teoria, scopro subito qualcosa di nuovo che la manda a gambe all'aria.

Poco più lontano, a sinistra, qualcuno ha piazzato proprio sull'orlo del dirupo un mezzo campo da basket. Che fico! Mi sarebbe sempre piaciuto averne uno a casa. Anche se, personalmente, avrei scelto un altro posto per realizzarlo. A parte un paio di staccionate, non c'è niente che serva da barriera per i palloni. Al primo passaggio o tiro che sbagli, addio! Sai che sbattimento, recuperare la palla?! Infine, sparsi qua e là assolutamente a casaccio, ci sono pezzi di costruzione senza né capo né coda. E uno ha una parete e il tetto sventrati, il che lascia supporre che ci sia stata un po' di agitazione nei paraggi.

Mi fermo qualche secondo per tendere l'orecchio. Più tempo passo da queste parti, più mi rendo conto di quanto un suono possa dirla lunga su una situazione. A parte il vento, però, nulla disturba la tranquillità di questo posto. Proseguo il giro di ricognizione e, poco dopo, mi imbatto in un... camioncino dei gelati!

«CHHHHHH... L'OCCHIO DELLA TEMPESTA SI STA RIDUCENDO... CHHHHHH!»

Miseria, la tempesta si è rimessa in movimento! Che qualcuno abbia voluto ritirarsi in eremitaggio su un picco roccioso posso capirlo, ma per quale motivo farsi portare fin quassù quel camioncino? E, soprattutto, in che modo? Ho proprio la sensazione che le sorprese non siano finite...

Bisogna però che mi muova, e non ho altra scelta che dirigermi verso sud. Mi lascio alle spalle la casa. Passando davanti al container vedo i portelloni aperti. Vuoto. Poco più in là, sull'orlo del dirupo, c'è una pedana in legno simile a un pontile. Subito mi immagino dei dirigibili accostarsi per consegnare merci o sbarcare visitatori... Ma non mi è di grande aiuto. O i rifornimenti arrivano per via aerea, il che rimette in questione tutta la mia teoria sulle gallerie sotterranee, o avvengono per mezzo di rampe che in seguito scompaiono. Il legno sembrerebbe troppo fragile per sopportare il peso di un camion, la pietra invece è molto più resistente. Uhm, le costruzioni e le diverse tipologie... molto probabilmente sono loro l'anello mancante alla spiegazione. In ogni caso permettono di spiegare in modo vagamente razionale alcune delle bizzarrie che avvengono sulle due isole.

«SEI DENTRO LA TEMPESTA: È ORA DI FUGGIRE!»

Sono sull'orlo del burrone, con pioggia e vento che stanno già brutalizzandomi. Come posso scendere? Mi sporgo per osservare la parete rocciosa. Un po' più in basso mi sembra di scorgere una piccola sporgenza. Se riesco a scivolare fin laggiù, poi magari, a piccole tappe, riesco a scendere senza farmi troppo male. Mi basterebbe riuscire a... Aaaaaahhh! Col piede sono scivolato sulle assi bagnate del pontile. Sto franando giù per l'erta scoscesa. Non mi riesce di controllare un solo movimento. Cerco in tutti i modi di aggrapparmi alla prima cosa mi passi sotto mano. D'un tratto, non so se perché ho sbattuto contro qualcosa oppure maneggiato inavvertitamente nel mio equipaggiamento, ma ai miei piedi, poi sui lati, vedo comparire pezzi di costruzione. Purtroppo non c'è nulla da fare, non riesco comunque a rallentare la caduta. Non sono nemmeno sicuro di essere io all'origine di questi pezzi di legno... Alla fine, con un rumore sordo e agghiacciante, mi schianto al suolo e svengo.

...

Apro lentamente gli occhi, sono di nuovo sull'Isoletta. Ma sono riuscito a costruire dei pezzi di rampe, ci giurerei. Durante la caduta non c'era nessuno nelle vicinanze, eppure sono apparse quelle assi. Non c'è altra possibilità. E mi sono sbagliato, sulla gente di qui. Il fatto che siano specializzati in balli, tiro o costruzioni, non significa che non possano riuscire in altre attività. Insomma, devo trovare il modo di imparare a costruire.

Con discrezione mi sono intrufolato fra i costruttori, per osservarli. Ammetto però che la cosa non è di grande aiuto. A quanto pare, non ci sono gesti speciali da fare: le forme appaiono autonomamente intorno a ognuno di loro. Posso smanettare con lo zaino quanto voglio o persino far finta di montare scale, nella speranza di innescare qualche creazione, ma non succede un bel niente. Qual è il loro segreto? La sola cosa che sinora non ho usato è un piccolo piccone che ci hanno affidato all'arrivo. Ma nessuno dei costruttori se ne serve! Chi utilizza il piccolo arnese, lo fa per accanirsi su alberi, costruzioni e ogni sorta di oggetto per una manciata di secondi, e poi passare al seguente bersaglio.

«DECOLLO DEL BATTLE BUS FRA DIECI SECONDI!»

Durante la trasvolata, decido che la miglior carta da giocare a mia disposizione è isolarmi in un angoletto della Grande Isola e sforzarmi di costruire qualcosa, con il solo aiuto delle mie due mani. Non vuol dire che stia dimenticando la mappa del tesoro ma, riconosciamolo, se fossi in grado di costruire ponti o anche semplici rampe, potrei essere molto più efficiente nelle mie esplorazioni.

Qualche minuto dopo, atterro a una decina di metri dalla casa sulla scogliera di fronte all'Isoletta. Quella con la terrazza voltata verso l'entroterra invece che verso il mare. Che ridere, ogni volta che ci penso. Per prima cosa, sarà meglio guardarsi un attimo attorno, caso mai qualche «abitante» avesse avuto la malaugurata idea di atterrare nelle vicinanze. Chiaramente no. Al che sgattaiolo nell'edificio, scendo nello scantinato e mi avvento su una botte di legno che giace lì in un angolo. Basta un sol colpo ed esplode in pezzettini, di cui stranamente non rimane nulla. Ho fatto un po' di rumore ma direi che sono sufficientemente rintanato da non attirare l'attenzione. Posso continuare. E do l'assalto alle assi che proteggono la scala.

Sono troppo lontano dal bersaglio e finisco per pagaiare l'aria come un ventilatore. Mi posiziono meglio e a quel punto, con poco più sforzo di prima, il legno scompare. Nel giro di pochi istanti mi avvento su ogni cosa intorno a me. Diciamocelo, è una vera goduria.

E adesso tocca… Urca, che spavento! Ho distrutto un vecchio contatore che però ha sprigionato, a mo' di ultimo respiro, una bella scarica elettrica. Era prevedibile ma io finisco sempre per lasciarmi trasportare, senza pensare alle conseguenze. Bisogna che impari dai miei sbagli. In ogni caso, di apparecchiature simili ancora in piedi nello scantinato, ne è rimasta una sola, un vecchio scaldabagno. Meglio risparmiarlo.

Mi avvento sulle scale: 100% legno, non corro alcun rischio. Il mio picconare è sempre più fluido, posso persino permettermi qualche spostamento mentre procedo nella mia opera distruttrice. Che fa grandi progressi! Non è rimasto più nulla. Tranne ovviamente lo scaldabagno. Contemplo il deserto con un pizzico di orgoglio. Rimane solo lui, e ho la forte sensazione che quell'affare mi stia sfidando. Non per molto ancora! Con un balzo mi porto a tiro di piccone e SBAM, giù mazzate! A occhi chiusi, però, perché persino il mio coraggio ha dei limiti. Alla fine apro un occhio, poi l'altro. Ora non è rimasto davvero più nulla. Tiro un gran sospiro, felice del lavoro fatto, quando improvvisamente precipito in una crisi di angoscia… E adesso che ho atomizzato le scale, come risalgo? Gulp. Se mai ce ne fosse stato bisogno, ho la prova definitiva che sono un tipo che usa le mani e non la testa.

Saltando come un indemoniato, mi sforzo alla bell'e meglio di aggrapparmi all'assito del pianterreno. Senza successo. Ho fracassato tutto, non esiste più via di uscita. Come riesco a essere così stupido, davvero non lo capisco. Fatto sta che sono bloccato, e la miglior cosa da fare in situazioni simili è cercare nuovi punti di vista, perciò indietreggio di qualche passo per analizzare meglio la situazione. Così facendo impugno gli spallacci dello zaino, proprio come farebbe uno scolaro che si incammini verso le lezioni. E, in un istante, eccola apparire. La mia prima rampa. All'inizio sotto forma di ologramma. Poi, meravigliato, stringo un po' più le mani e in pochi secondi, con un flebile rumore di costruzione, eccola materializzarsi. Incredibile. Avevo ragione! Sono in grado di costruire strutture. Mi invade una sensazione di soddisfazione e onnipotenza. Mi volto e faccio comparire un'altra rampa che sale al soffitto, poi un'altra dietro a questa. Poi più niente. Risoluto, tiro ripetutamente le cinghie dello zaino, manco stessi mungendo una mucca. Il trucchetto non funziona più. Evito di scivolare nel panico e decido che è ora di cavarsi da quella trappola per topi, prima che la situazione degeneri. La prudenza non è mai troppa.

La prima cosa che faccio, una volta tornato all'aria

aperta, è controllare che non ci sia nessuno nei paraggi. Dopodiché, per essere più tranquillo, sgattaiolo dietro la casa. Due begli alberi si innalzano maestosi accanto a me mentre, in lontananza, scorgo l'Isoletta. Tento di ripetere il miracolo della costruzione. Di nuovo senza successo. Comincio a dare in escandescenze. Perché non va mai niente come vorrei?! Furibondo, mi avvento col piccone sugli alberi. Ed eccoli scomparire, senza la minima fatica. Ora la visuale è completamente sgombra. Chissà quanto sono lontane le due isole? E chissà… se sarebbe possibile costruire una rampa abbastanza lunga da riunirle? La gente si trova sempre tutta su un'isola oppure sull'altra… ma che succederebbe se riuscissi a intrufolarmi dove non c'è nessuno? Scommetto che potrei osservare i retroscena dei rifornimenti. E sarebbe senza dubbio un'ottima occasione per filarsela… Per riuscirci, però, devo prima capire come funzionano queste dannate costruzioni! In quel momento avviene l'impensabile, spazzando via di botto tutte le mie elucubrazioni: mi è bastato stringere d'istinto le cinghie dello zaino, ed ecco che è riapparso l'ologramma della rampa!

Come posso essere stato così stupido? La differenza fra prima ed adesso, l'ha fatta la mia piccola crisi di nervi sfogata sul paesaggio! Il piccone mi permette di raccogliere materie prime che vengono immagazzinate nel mio equipaggiamento. Finiti i materiali, addio costruzioni.

Giro attorno alla casa. Mmh, ci sono delle rocce che non aspettano altro che di sparire. Il piccone sarà abbastanza resistente per questo genere di utilizzo? In un attimo, eccomi trasformato in un carcerato ai lavori forzati. La pietra svanisce quasi con la stessa velocità del legno. Giusto il tempo di finire, che già sto armeggiando con gli spallacci. Non è semplice. Li torco in ogni senso e riesco, senza capire bene come, a modificare forme, inclinazione... Poi, all'improvviso, BINGO! Riesco anche a passare da un materiale all'altro! A-ha! Libertà, sei mia!

Se però intendo dedicarmi alla realizzazione di grandi opere, mi tocca raccogliere ingenti quantità di materiali. In altre parole, spazzolerò tutto quanto mi capiti a tiro. Ma sarà meglio rimanere lungo la costa, così da evitare il più possibile cattivi incontri. Fra non molto mi chiameranno l'Attila dell'ambiente. E così, raccogliendo a destra e a manca, mi dirigo verso sud, in una regione alquanto accidentata. Vedo una piccola cresta e decido che è un buon posto per darmi alle razzie: offre, oltre a un bel po' di risorse, anche un magnifico panorama. In un batter d'occhio la raggiungo, incamero una buona quantità di legno, poi mi siedo per qualche secondo ad ammirare il paesaggio.

Poco lontano verso est, proprio sulla cima di un picco roccioso, cresce un albero maestoso. Sotto di me,

verso sud, scorgo una casupola sgangherata. Più lontano, fra i due, un gruppo di pini nasconde appena un gruppo di case.

«SEI DENTRO LA TEMPESTA: È ORA DI FUGGIRE!»

Oh no! Mi sono distratto. Scommetto che ero troppo occupato a elargire colpi di piccone per sentire i messaggi di allerta precedenti. Adesso mi tocca correre. La cima che ho scorto mi sembra l'opzione migliore. Lassù dovrei essere al sicuro per qualche minuto. Scendendo dalla cresta, il mio sguardo viene attirato da un immenso portico all'ingresso della zona abitata. Al di sopra c'è una piattaforma ma non riesco ad afferrarne l'utilità. Devo sbrigarmi se voglio evitare di svenire. Sorpasso una capanna piccolissima. All'interno c'è una televisione accesa e, sullo schermo, solamente neve.

Le domande mi si infittiscono in testa, mentre la ragione e l'istinto mi spingono a continuare correre. Ai piedi del picco roccioso, armeggio alla bell'e meglio con lo zaino. Appare l'ologramma del piano inclinato. L'attimo dopo, sto costruendo una bella rampa. Comincio a salire ma, a un certo punto, mi rendo conto di aver combinato un pasticcio. La mia struttura è finita dritta sparata sul versante della collina, solo a metà strada. Avrei dovuto cominciare a costruire molto più lontano. Comincio a sentirmi piuttosto male, devo raggiungere a ogni costo la cima per uscire dalla tempesta! Meglio cambiare l'orientamento delle assi e realizzare delle rampe adiacenti, così da seguire il versante. Finalmente riesco a ricominciare la scalata.

Tutt'a un tratto, però, sento un suono che non mi piace per nulla. Laggiù in basso vedo la prima rampa crollare. Qualcuno sta generosamente mitragliando la mia creazione. In cima, presto... PRESTO! Prima che crolli tutto! I proiettili crivellano il legno che in un attimo va in frantumi. Corro a perdifiato verso la cima ma anche le ultime assi finiscono per cedere sotto gli spari del mio aggressore. La caduta è inevitabile.

9

IL PRESENTIMENTO

PLONK...

In mezzo a proiettili che continuano a fischiarmi da ogni parte, metto a segno il capitombolo più patetico della vita. Arrivato al termine della seconda rampa, mi accorgo, proprio al momento della caduta, di essere giunto subito sopra alla cima rocciosa. Insomma, sono precipitato da un'altezza di almeno trenta centimetri!

Resto a terra e filo a nascondermi dietro a un albero immenso. Ha una forma buffa che mi ricorda un fungo. Sono tentato dall'abbatterlo ma alla fine non lo faccio perché mi offre riparo. Finalmente l'assalto si placa. Devo decidere al più presto il da farsi. La tempesta non tarderà a rimettersi in movimento, e potrebbe non essere facile fuggire da tutto e tutti nello stesso momento.

Mi pare che gli spari provenissero dalle casette. Faccio apparire l'ologramma di un recinto, mentre mi avvicino allo strapiombo per verificare. Se riprendono a fare fuoco, in un attimo costruisco un riparo di fortuna e torno sano e salvo al nascondiglio. Avanzo con prudenza. Tutto tace. Ma ecco che il minialtoparlante sputacchia:

«CHHHHHH... L'OCCHIO DELLA TEMPESTA SI RESTRINGERÀ FRA 3 MINUTI E 19 SECONDI... CHHHHHH!»

Il tempo stringe, devo sbrigarmi a scendere dal mio nido. Non scorgo più movimenti sospetti. In compenso posso osservare da un nuovo punto di vista la grande struttura all'ingresso della zona abitata. E scopro che, vista da dove mi trovo ora, non c'entra nulla con un portico! È una sedia! Una sedia gigante. E se è proprio quella a cui sto pensando, allora...

Con lo sguardo mi dirigo immediatamente sulle abitazioni e, in effetti, su una di esse c'è un'auto. Eccola lì, infilata tra le tegole. Assomiglia a una cialda su una coppa di gelato. Eccellente! Finalmente sono riuscito a localizzare alcuni degli elementi della mappa del tesoro! Diamine, a questo punto dovrei poter localizzare con precisione anche la grande croce rossa... Se non ricordo male, si trovava da qualche parte un po' più in basso, ai piedi di un pino. Mi toccherà ispezionare l'intera zona a colpi di piccone, e potrebbe rivelarsi non facile, con il brutto ceffo che si aggira nei paraggi. Meglio andare per ordine. Prima di tutto devo scendere dal cocuzzolo. Conviene cercare una strada sul retro, per attirare meno attenzioni possibile. A est, il picco presenta la pendenza più dolce. E vedo una sporgenza rocciosa che, in caso di problemi, potrebbe offrirmi riparo. Lasciandomi scivolare, dovrei riuscire a scendere senza farmi male. Terrò sempre pronto l'ologramma di un recinto, sarà il mio asso nella manica, caso mai la situazione volga al peggio. Mi avvicino al ciglio. A quel punto tiro un profondo respiro e, il più arretrato possibile, mi lascio scivolare nel vuoto. Prima con le mani, poi col corpo intero, mi sforzo di frenare il più possibile la discesa, finché, in una gran nuvola di polvere, riesco a raggiungere la sporgenza naturale. Ancora una volta mi accovaccio e mi sporgo per fare il punto della situazione nel piccolo abitato.

«CHHHHHH... L'OCCHIO DELLA TEMPESTA SI STA RIDUCENDO... CHHHHHH!»

Di già?! Subito dopo aver sentito l'annuncio, vedo il cecchino spuntare da dietro il recinto che circonda la casa con l'auto. In una corsa alternata a saltelli da cerbiatto, riesce rapidamente a eclissarsi dalla mia visuale. Scommetto che anche lui riceve gli stessi annunci. E ha preferito tagliare la corda piuttosto che portare a termine l'agguato. Via libera. Non mi resta più molto tempo, giusto quello di scovare il pino indicato dalla croce rossa sulla mappa del tesoro. Però devo raggiungere la base del picco e l'unico modo è lasciarmi di nuovo scivolare sulla schiena giù per il pendio. Che non sembra più scosceso di prima, solo un po' più lungo. Dai, buttiamoci! Farò come se dovessi lanciarmi con uno slittino. Eccomi partito. Insieme alla velocità aumenta anche il calore del corpo. L'attrito si fa sempre più intenso, mentre la polvere mi ha avvolto ormai in un vero e proprio nuvolone. Non so se sia l'adrenalina della scivolata o la visione della tempesta che sta per avventarsi su di me, fatto sta che non sento il minimo dolore. Giungo senza intoppi in fondo, sul ciglio del sentiero che circonda il picco roccioso. Di fronte a me, in cima a una collinetta, vedo un pino maestoso. Un paio di falcate e, in un istante, sono ai suoi piedi. Sfodero il piccone senza perdere tempo, perché fra meno di dieci secondi mi ritroverò inghiottito dal gas bluastro. Più che sufficienti per abbattere l'albero e scoprire cosa nasconde. Un colpo. Due colpi. Al terzo, il pino scompare con un grande bagliore che mi lascia completamente accecato. Nello stesso momento sento un tuonare di grida e applausi, seguito dallo stridere di un fischio. Poi, alla stessa velocità con cui sono riecheggiati, i rumori improvvisamente cessano. Qualche attimo dopo, mi riprendo. Respiro a fatica. Sono nella tempesta. Guardo ai miei piedi. Guardo tutt'intorno. Non è cambiato nulla. Nulla si è mosso. Giusto un enorme flash e un po' di atmosfera da stadio. E comunque non è possibile. Qualcos'altro ci dev'essere. Non posso aver fatto tutta questa fatica solo per restare un po' abbacinato! Mi prende una gran voglia di mollare il colpo, ma so che non cambierebbe nulla. Devo riprendere il controllo della situazione.

In pochi istanti, malgrado la delusione, torno padrone di me stesso. Sono in piena tempesta e non posso restarci. Mi metto a correre in direzione del fiume. Scendendo verso la riva mi accorgo di non sentirmi bene. Ma non è il gas, è qualcos'altro... Come la sensazione di perdere a tratti il controllo della mia testa. Deglutisco il più possibile, mi sfrego gli occhi... Nulla da fare. Guado la debole corrente del corso d'acqua, poi, finalmente, sono fuori dalla portata del nuvolone mefitico. Ma un'insolita angoscia si impadronisce di me. La sensazione che qualcuno – o qualcosa – mi stia osservando. Poco lontano, verso sud, scorgo dietro un albero una capanna di legno. Un nascondiglio ideale. Devo riposarmi un attimo e fare il punto della situazione.

A qualche chilometro di distanza...

Nessuna luce naturale penetra nella stanza minuscola. La sola illuminazione proviene da una decina di schermi di controllo che mostrano uomini e donne aggirarsi per la Grande Isola. Alcuni in mezzo alla tempesta, altri no.

Tutti, nella stanzetta, si stanno dando un gran

daffare. Uno degli operatori, in particolare, seduto davanti a un grande pannello di controllo in mezzo a questa sala di regia televisiva, è completamente in preda al panico. Smanetta con una serie di pulsanti, con gli occhi incollati su delle spie di controllo.

«Cosa diavolo sta succedendo? Non è possibile! Il *live* ha riverberato sul sistema di registrazione...»

Uno dei colleghi si alza e dà un'occhiata da dietro le sue spalle.

«Ma che stai dicendo?»

«Non capisco come sia successo. Ho avuto un problema con la presa del suono di un giocatore. Quando ha scoperto il segreto, è successa una cosa strana sul pannello di controllo. C'è stato un grosso ritorno sul sonoro. Può persino darsi che il candidato, dal minialtoparlante, abbia sentito il pubblico dello stadio».

«Ma non è possibile!»

«Non sto scherzando».

Nessuno degli altri operatori presta attenzione alla discussione. Invece piomba nella stanza un uomo. Indossa una giacca nera sopra a una t-shirt di marca con lo slogan «No Future».

«Allora, ragazzi?! Che diavolo era quel fischio? Di là stiamo facendo la figura dei buffoni!»

«Era solo un ritorno. Ci sto lavorando... Ma non capisco come sia possibile...»

NO
FUTURE

«Me ne frego se ci stai lavorando! Voglio che tutto funzioni! Punto e basta! Di tipi come te, ne ho dieci fuori da questa porta che non chiedono altro che sedersi sulla tua sedia, ok? Che non succeda più!»

E, veloce com'è entrato, si eclissa. Pochi istanti dopo, la porta si apre di nuovo ed è ancora lui, furioso come prima. Sporge solamente la testa e aggiunge:

«Questo è il reality show più ambizioso, più importante, più pazzesco mai realizzato! Voi siete i migliori: per questo siete qui! E allora cercate di essere all'altezza! Il paese ci guarda, il mondo intero ci guarda, IO vi guardo!»

Terminata la filippica, si sbatte la porta dietro.

Un'ora dopo, in una sala riunioni...

Con la testa fra le mani, l'uomo con la giacca nera è seduto al centro di una grande stanza. È circondato da una manciata di collaboratori, tutti occupatissimi con i loro tablet e smartphone. Davanti a lui, uno schermo gigante trasmette proiezioni, percentuali e ogni genere di cifre riguardanti i vari abitanti delle due isole. Nella massa di dati, c'è una foto di Paul. Nel frattempo un giovane manager, con gli occhiali in punta di naso, sta esponendo un bilancio dell'audience, dei voti e degli incassi generati in funzione dei vari avvenimenti successi sulla Grande Isola. A un certo punto, l'uomo con la giacca nera risolleva il capo e fissa il volto di Paul sullo schermo gigante. Poi interrompe lo sciorinare di dati.

«Ma chi è 'sto tipo?»

Una giovane collaboratrice alza immediatamente la testa, scorre con le dita il tablet, due volte in un senso, una nell'altro, poi risponde:

«Un 'nabbo'».

«Un che?»

«Un nabbo, un principiante, un pivello. E non uno qualsiasi... Un peso massimo, un top 3 nella categoria campioni del mondo. Non ha sfiorato anima viva dall'inizio...»

«E come ci è arrivato lì?»

La ragazza smanetta sempre più veloce sullo schermo.

«Ha seguito la normale procedura di casting. Nessuna spintarella, nessuna raccomandazione speciale, nulla».

«E così, sotto gli occhi di tutti, un pivello qualsiasi riesce a guadagnarsi il bonus mappa del tesoro?»

«Tecnicamente, è il terzo partecipante a riuscirci...»

L'uomo con la giacca nera tira un profondo sospiro e si ricaccia la testa fra le mani. Tutti, intorno al tavolo, assumono un'aria di grande serietà. Della disinvoltura che regnava all'inizio della riunione non è rimasto nulla. L'uomo riprende la parola:

«E questo tipo non avrebbe sfiorato nessuno dall'inizio? Nulla di nulla?»

«Stando alle statistiche, non ha sparato nemmeno un colpo».

Cala un momento di gelo. La tensione sta salendo alle stelle, in sala riunioni. Tutti aspettano che venga presa la decisione inevitabile.

«Scommetto quel che volete che è un giornalista, un militante ecologista o qualcosa del genere. Il tipo si crede un grande reporter e spera di mandarci all'aria la trasmissione dall'interno! Voglio un rapporto completo su di lui. Voglio sapere tutto! Vuole giocare con noi? Avrà pane per i suoi denti, ci può scommettere».

Si alza e, prima di scomparire, aggiunge: «E niente focus su di lui in prima serata, chiaro? Si è portato a casa il bonus mappa, benissimo. Annunciamolo pure, ma non voglio vedere il suo faccino ebete nel corso della trasmissione, siamo intesi? E comunque sia, il meno possibile...»

Un'ora dopo...

Il nostro uomo, senza più la giacca, è sprofondato in una poltrona imbottita alle spalle di una grande scrivania su cui si ammucchiano fascicoli, brochure e riviste. È al telefono, con gli occhi chiusi.

«Seh… seh. Davvero non capisco. Sei sicuro che non abbia ancora preso in mano una sola arma? Hai visionato tutte le registrazioni? Tutte?»

Poi, trascorso un minuto abbondante in cui non ha pronunciato una sola parola, si raddrizza per consultare un fascicolo che giaceva aperto sulla scrivania.

«Prima che trovasse il bonus, nessuno parlava di lui, giusto? Bene. I social si stanno scatenando un po', è normale. È il solito gioco a chi è il primo o la prima a scovare la nuova stellina o il nuovo campioncino».

Fa un'altra pausa, poi aggiunge:

«Anzi, no… Non me ne frega niente. Non devi mollarlo un istante. Voglio che sorvegli ogni sua mossa, ogni gesto. Qualsiasi cosa gli succeda, voglio essere messo al corrente. Alla prossima prima serata, i riflettori sono tutti per l'Angelo della Morte. A proposito, scovatemi qualcosa su di lui, qualsiasi cosa. Mi inventate una frase che avrebbe pronunciato, se necessario modificate una foto, lo voglio al centro dell'attenzione. È meglio preparare una controstrategia, su questo non ci piove».

Riappende e scorre di nuovo con gli occhi il fascicolo aperto sotto il suo naso. Lo richiude. Poi, completamente solo nell'ufficio, rivolto alla foto di Paul che campeggia sulla copertina:

«Ancora non so chi tu sia, ma giuro che ti porteremo

allo scoperto. Pensi di minarci il sistema dall'interno, eh? E invece no, mi occuperò personalmente di trasformarti in un gavettoncino qualsiasi, che quando esploderà farà solo un timido 'spluch'».

10

IL GRANDE SHOW

Tutte le luci sono spente, nello stadio allestito come un'arena per combattimenti. Sul megaschermo scorre un conto alla rovescia. Fuori di sé dall'eccitazione, migliaia di persone del pubblico contano all'unisono lo sfilare dei numeri. Allo zero, accompagnato da una musica rock assordante scandita da una miriade di effetti luminosi accecanti, appare un uomo dal cielo. Nella mano destra stringe un microfono a forma di revolver puntato dritto sulla telecamera che lo sta riprendendo. Con la sinistra finge di aggrapparsi a un enorme ombrello, mentre simula un morbido atterraggio sull'immenso palcoscenico. Posati i piedi a terra, si lancia di corsa verso l'orlo del palco per galvanizzare la folla. Grida:

«*Royal*!»

E la folla: «*Supremacy*!»

«Non vi sento! … *Royal*!»

«*Supremacy*!»

«*ROYAL*!»

«*SUPREMACY*!»

«Buonasera! Buonasera a tutti voi che, ogni settimana

più numerose e numerosi, vi unite a noi sul ring dell'estremo...»

Poi si rivolge a una delle numerose telecamere presenti sul palco.

«E buonasera anche a voi che, ancora più numerosi, ci seguite da dietro i teleschermi delle vostre case!»

L'istante dopo si volatilizza dalla scena, occultato in una botola. Lo stadio ripiomba nell'oscurità, e parte il filmato di presentazione del gioco. Una voce, i cui bassi fanno tremare l'intero stadio, ne spiega il concetto generale e le singole regole. Sul megaschermo appare ogni frase, mentre sfilano i volti di vari partecipanti, il bus, qualche deltaplano e i luoghi emblematici delle due isole.

«Sono cento. Hanno accettato di sottoporsi alla sfida più folle mai concepita, nelle condizioni più estreme mai affrontate da organismo vivente. Fra loro non si conoscono, non possono parlare, ma hanno tutti lo stesso obiettivo: vincere il premio che potrebbe cambiare per sempre le loro vite! Dimenticate le buone maniere, dimenticate la morale, dimenticate ogni regola. Conta un'unica cosa: ne rimarrà soltanto uno! A ciascuno dei partecipanti, al momento di iniziare l'avventura, è stata accreditata una consistente somma di partenza. A ogni partita i primi classificati si vedranno accreditare nuove somme. E più un partecipante si avvicina alla prima posizione, più soldi si porta a casa!»

«Wooooow!»

«Attenzione, però: agli ultimi cinquanta verrà tolto credito. E più arrivano in fondo alla classifica, più sborsano...»

«Oooohhh...»

«Al vincitore finale, infine, raddoppieremo la somma già vinta!»

L'annuncio manda la folla in visibilio, mentre le luci si riaccendono sul presentatore. Adesso è posizionato dietro a un'imponente plancia di controllo che ricorda un po' quella di una nave spaziale, e con gesti da direttore d'orchestra, finge di controllare l'insieme delle luci e dei suoni dello spettacolo».

«Stasera ci aspetta una grande puntata di Royal Supremacy, il mio, il loro, ma anche il vostro gioco! Durante tutta la puntata, potrete infatti votare il vostro candidato, ossia colui o colei che pensate vincerà. E non solo! Potrete votare anche la miglior azione, il tiro più impressionante, il costume più bizzarro, l'umiliazione più cocente. Insomma, VOTATE! Noi contiamo su di voi, loro contano su di voi! I premi in palio sono tanti anche per voi. Fra questi, la possibilità di vincere una parte del montepremi del vostro campione, se questo vince e decide di uscire! E ora, per aiutarvi nella vostra scelta, ecco un piccolo riepilogo delle azioni più incredibili della settimana».

Le luci tornano a spegnersi sullo stadio. Per alcuni minuti il megaschermo trasmette un montaggio di varie scene, dove ogni sparatoria, costruzione, balletto, è scandito da grida e risate del pubblico scatenato.

«Siete pronti?»

La folla esulta.

«Non vi sento… Siete pronti? Siete pronti per vivere una nuova manche di questo gioco pazzesco? Stasera assisterete alla manche della liberazione!»

Un boato di applausi riecheggia fra tutto il pubblico.

«Il vincitore di questa specialissima fase potrà decidere se restare in gioco e tentare di far salire il proprio credito, oppure uscire definitivamente da questa incredibile avventura e intascarsi il gruzzolo messo da parte!»

Il presentatore fa una pausa e sfoggia, dritto nella telecamera, un sorriso feroce a trentadue denti. Poi si volta verso il pubblico e con aria grave, quasi solenne, annuncia:

«È vestito di nero da capo a piedi. Ovunque vada, semina caos e distruzione. Dalla scorsa puntata, tutti l'hanno ormai soprannominato 'l'Angelo della Morte'. Signori e signore, ecco a voi il vincitore della scorsa settimana!»

Una figura appare sullo schermo. Ha la testa celata sotto un cappuccio nero e circondata da un collare di piume di corvo. Non il minimo dettaglio è possibile cogliere del viso. Emergono solo gli occhi, che brillano di uno strano sfavillio violetto. Fra la folla si propaga una strana reazione sommessa, mentre, fra sgomento, ammirazione ed esaltazione, l'atmosfera si carica all'istante di energia elettrica.

«Non ha avuto la minima esitazione: il nostro eroe ha deciso di restare. A noi non resta che scoprire se riuscirà ancora una volta a decimare gli altri giocatori, riguadagnandosi la possibilità di decidere del proprio destino! E qualcosa mi dice che non uscirà tanto presto. Intanto, però, siamo riusciti a scovare un tweet che lui pensava di aver cancellato... Siete pronti a godervelo?»

In quel momento, sul megaschermo, appare il messaggio. Ogni elemento che possa permettere l'identificazione dell'autore è stato reso irriconoscibile, in chiaro rimane solo questo:

«Non partecipo per i soldi: sono già milionario. Ciò che mi dà piacere, è umiliare deboli e nabbi. Nessuno uscirà finché non l'avrò deciso io. Sono un dio in terra!»

Fra il pubblico si scatena il tumulto. Ma il presentatore, grazie a qualche effetto sonoro e luminoso, riconquista velocemente l'attenzione.

«Amici! Amici! Il nostro campione è un tipo impetuoso: che c'è di male?! E allora, fatelo per voi, fatelo per NOI: VOTATE! Votate i suoi avversari se non lo sopportate, votate per lui se lo trovate formidabile! Ora, però, è venuto il momento di prendere il volo alla volta dell'isola del pericolo supremo, l'isola dell'estremo sacrificio. È il momento di un nuovo match di *ROYAL*!»

«*SUPREMACY*!»

Di colpo appare sul megaschermo il bus volante ripreso da varie telecamere. Le strilla della folla raddoppiano non appena i primi giocatori cominciano a lanciarsi nel vuoto. Ai partecipanti arrivati nella Top 10 la settimana scorsa viene tributato un montaggio speciale: in simultanea, grazie a un grande mosaico, o singolarmente, passando dalla soggettiva di un giocatore a quella di un altro. Il presentatore commenta puntualmente ogni singolo momento anticipando le azioni dei giocatori, e che si tratti di una caccia all'uomo in un contesto urbano, o di una semplice raccolta di materiali in una casa isolata, riesce sempre a fare effetto, a creare aspettativa.

«Che colpo di genio! Fate bene attenzione a questa tecnica di caccia. Spinge la preda a rifugiarsi nello scantinato dell'edificio che ha farcito di trappole appena arrivato!»

Con un frastuono di ingranaggi, il contatore del giocatore uscito vincente dall'ultimo scontro sale di qualche numero, accompagnato dagli hurrà del pubblico.

Nel corso dei primi cinque minuti, i contatori non smettono di salire all'impazzata: più della metà dei partecipanti alla partita è già scomparsa.

«Bene così! Gli incapaci devono...»

«Pagare!»

«Esattamente, devono pagare! È un gioco crudele, ma così è la vita. Eccoli, allora, quelli a cui tocca metter mano al portafoglio».

Lo schermo mostra la lista degli ultimi cinquanta. Accanto a ogni nome appare la somma da sborsare e quanto gli rimane al termine della partita. Tutt'a un tratto squilla una sirena di allarme.

«Cosa succede?»

Il pubblico prorompe scandendo:

«La tempesta! La tempesta! La tempesta!»

«Proprio così, amici! L'ora della tempesta è scoccata! Chi sarà abbastanza abile da non lasciarsi sorprendere? Chi, per rimediare qualche arma o un po' di munizioni e materiali, oserà sfidare il suo tremendo potere? Tutte queste domande troveranno risposta ora!»

Una telecamera aerea riprende il formarsi della nube tossica rivelando la direzione che prenderà. La trasmissione si concentra ora solo sui giocatori sorpresi dalla nube, mentre la folla festante sbotta in un fiotto continuo di lazzi e ingiurie all'indirizzo dei partecipanti.

«Corri nabbo, corri... Ops, troppo tardi! E quello là, l'hai visto?! Forse potrebbe ancora salvarsi con una piattaforma di lancio, è l'unico modo in cui potrebbe cavarsela. Uuuh, ma c'è un altro giocatore che gli sta sparando sulla rampa che ha appena costruito! Nulla da fare, guarda come si schianta a terra, da far pietà».

Passano vari minuti ma l'atmosfera resta elettrica. Poi squilla un nuovo allarme.

«Sapete cosa significa questo suono, cari amici? Che sono rimasti solo in dieci. Quindi che, a prescindere dalla classifica finale, abbiamo già dei vincitori! E ovviamente dei gruzzoli sempre più consistenti».

Al centro alla zona di sicurezza, l'Angelo della Morte sta erigendo una monumentale torre di metallo. Sovrappone piani su piani con una velocità sconvolgente, poi, sulla cima, costruisce un'impressionante piattaforma con posti di osservazione protetti da eventuali tiri nemici. L'altezza gli concede un indiscutibile vantaggio sugli altri concorrenti. E mentre lui realizza quello che assomiglia sempre più a un vero e proprio fortino, nessuno osa ostacolarlo. Terminata la costruzione, il favorito del pubblico non perde tempo e sfodera subito un fucile di precisione con mirino. Ora il pubblico può vedere sullo schermo tutto ciò che vede lui. Non fredda gli avversari sul colpo, ma si limita a scovarli, uno per uno. Senza fretta. E senza proferire parola. Grazie al solo spostarsi della visuale e allo zoom del fucile, ne individua con grande precisione la posizione. Anzi, a quanto pare, fa di meglio: sembrerebbe riuscire ad anticiparne strategie e futuri spostamenti.

Poi, in un attimo, gli avvenimenti precipitano. Individuati tutti gli altri concorrenti, lascia il posto di osservazione e si avventa su di loro come su delle prede, decimandoli uno dopo l'altro. Alcuni gli danno un po' di filo da torcere, ma il risultato è inesorabilmente lo stesso: l'Angelo ha sempre e comunque la meglio su ogni avversario. E a ogni eliminazione, presentatore, pubblico, tutti si entusiasmano. Alla fine, quando anche l'ultimo duello è vinto, ecco esplodere un fuoco d'artificio che illumina il cielo sopra lo stadio, mentre sul megaschermo viene riproposto al rallentatore e in *loop* lo scontro appena terminato.

«Ce l'ha fatta! Amici, amiche, io non so più neanche se posso definirlo un uomo! È una macchina da guerra, è un dio! Per la decima volta consecutiva, L'Angelo della Morte vince la manche speciale! E a noi non resta che ritrovarci dopo una breve pausa pubblicitaria, e conoscere quale sarà la sua decisione questa volta. Uscirà? Resterà? Vi rimane ancora una manciata di minuti per votare e forse, chissà, sarete proprio voi i prossimi a partecipare a *Royal Supremacy*!»

Durante l'interruzione, grazie a un raffinato gioco di luci, la plancia di controllo scompare dal palcoscenico senza che nessuno se ne accorga. Al termine della pubblicità, ancora una volta eiettato da una botola, il presentatore ritorna clamorosamente sulla scena.

«È stato il nostro idolo per l'intera serata. E la settimana prossima? Sarà ancora con noi per tentare di ripetere l'impresa? A lui, solo a lui, spetta questa decisione. E allora non perdiamo tempo, andiamo subito nella sala dei partecipanti e scopriamo cosa succederà!»

Sullo schermo compare una porta gigantesca preceduta da un vestibolo impressionante. Un rumore di pressione che si sfoga accompagna l'apertura dei battenti, mentre la telecamera penetra all'interno e rivela un immenso hangar. L'ambiente ricorda la scenografia di un film di fantascienza: completamente bianco, a eccezione di grandi pannelli di controllo sui lati, strapieni di pulsanti, spie e piccoli schermi a cristalli liquidi. Alcuni uomini vestiti con scafandri lavorano dietro a delle consolle, incuranti della telecamera che continua ad avanzare lungo il corridoio centrale. Ai lati di questo sono disposte decine di grandi casse stagne, una accanto all'altra, ognuna collegata a sofisticate apparecchiature. Al termine del corridoio, in cima a un altare, quasi in verticale, troneggia un sarcofago identico a quelli che riempiono l'hangar. Lo sovrasta un'arcata su cui si vedono due grandi spie, ancora spente.

Sulla scena il presentatore riprende la parola, in tono quasi religioso:

«Signore e signori, vi ricordo la regola: quando il vincitore decide di uscire, si accende la spia verde. A quel punto il testimone passerà nelle mani delle nostre équipe mediche che lo riporteranno qui fra noi. Se invece il nostro vincitore deciderà di continuare a far crescere il suo premio, allora si accenderà la spia rossa. E lui verrà rispedito fra i compagni per continuare a giocare!»

I due indicatori cominciano a lampeggiare. Una volta. Due volte. Tre volte. Resta accesa solo la luce rossa.

«Rimane! Incredibile: rimane dentro al gioco! Chi sarà colui o colei che riuscirà a detronizzarlo? Chi vincerà la settimana prossima? Per quanto tempo ancora l'Angelo della Morte continuerà a umiliare gli avversari? Per saperlo, appuntamento fra una settimana esatta. Nel frattempo, non dimenticate le nostre trasmissioni quotidiane per seguire le classifiche e l'evolversi dei premi dei singoli partecipanti. Che per voi e solo per voi, giocano ventiquattr'ore su ventiquattro. A prestissimo, quindi, per una nuova puntata di *Royal...*»

«*Supremacy*!»

«*ROYAL*!»

«*SUPREMACY*!»

11

UN ICARO DA SUPERMERCATO

Tranquillo, in disparte nella zona sud-ovest della Grande Isola, continuo a rifornirmi a più non posso di legno, pietra e tutto quel che riesco a trovare. E mentre il mio piccone demolisce tutto ciò che gli capita a tiro, mi rendo conto di non avere la minima idea di quanto tempo sia trascorso dal fiasco della mappa del tesoro. Ero così convinto dell'importanza della mia scoperta... In qualche modo intuivo che non mi avrebbe indicato l'uscita, ma pensavo che avrebbe almeno segnato un bel passo avanti nelle ricerche. Per di più, dopo quel flash, ho la costante sensazione di essere spiato. Mi capita di voltarmi mentre corro. O di controllare pareti e soffitti non appena entro in una casa. Il minimo rumore mi mette sul chi va là. Forse sono diventato paranoico, o forse, mio malgrado, ho sviluppato un qualche istinto di sopravvivenza. Un po' entrambe le cose, scommetto. In una porta aperta, per esempio, non vedo più un invito a entrare. L'esatto contrario: mi segnala che qualcuno è già passato di lì e forse è ancora all'interno. E subito diventa preferibile proseguire per la mia strada, il più discretamente possibile.

Tutto sommato, però, non va così male. In alcune case o in mezzo alla natura ho finito per imbattermi in forzieri intatti. Scassinarli è un attimo, non c'è bisogno di alcun passepartout. L'apertura, in compenso, è accompagnata da una debole esplosione che rischia di attirare l'attenzione di eventuali curiosi. Insomma, meglio procedere con qualche piccola precauzione. Ma ne vale sempre la pena, anche se spesso contengono solamente armi. Che non mi interessano. Anzi, confesso che mi ripugnano. Per fortuna trovo anche materiali da costruzioni e kit medici, preziosi soprattutto in caso di brutte cadute o di capatine dentro la tempesta. C'è poi, riguardo a questi forzieri, un altro dettaglio interessante che ho avuto modo di notare nei miei andirivieni fra le due isole: li ritrovo quasi sempre negli stessi posti, anche se non proprio sistematicamente. E sono un po' come le sorgenti d'acqua nella savana: tutti vengono ad abbeverarsi e cercare sicuro conforto, anche a rischio di qualche brutto incontro.

Insomma, col passare del tempo, ne so sempre di più su questo strano posto. Mentre riprendevo le forze nella piccola capanna accanto al fiume, cercando di dimenticare la delusione causatami dalla mappa del tesoro, mi sono reso conto che ogni mia teoria prima o poi andava a sbattere contro il mistero della tempesta. Che di sicuro nasconde molto di più di quanto immagini. Che cosa la innesca? O la alimenta? O guida i suoi spostamenti? In che modo si modifica col passare dei minuti? Tutte domande a cui ormai non posso non cercare risposta.

Galvanizzato da questo nuovo compito che mi aspetta, eccomi ancora una volta alla ricerca di un luogo adatto per ispezionare i dintorni. Gli occhi mi cadono su una bella altura un po' in disparte, verso sud. Fra l'altro la zona trabocca di una valanga di risorse, pronte per essere raccolte. Giunto sul posto, alla ricerca della migliore posizione per costruire una torre, mi imbatto in una scoperta quantomeno inaspettata: un carrello del supermercato. Il modello è identico a quelli a disposizione in qualsiasi negozio. Armatura in ferro, facile da spostare, leggero ma solido. Dopo qualche istante di stupore, mi coglie una stretta al cuore. Mi rivedo insieme a mio padre nel parcheggio di un grande magazzino, mentre giochiamo ai pirati ed io veleggio a bordo del mio vascello fantasma su ruote. Di colpo, riaffiora alla mente ogni dettaglio: il rumore delle ruotine sull'asfalto, le vibrazioni del metallo che mi attraversano il corpo, la sensazione di velocità e onnipotenza... Travolto da quest'ondata di nostalgia, sento di aver bisogno di sedermi contro un albero e rilassarmi per qualche minuto. Lontano di fronte a me, scorgo le scogliere dell'Isoletta delinearsi con chiarezza. Ed è in quel momento che mi coglie un'idea assolutamente folle. Se costruissi un trampolino? Un modello che rivaleggi con quelli usati nei giochi olimpici per le gare di salto con gli sci. Chissà se mi riuscirebbe di saltare da un'isola all'altra senza perdere i sensi... Scommetto che è ingannando il sistema, che posso scoprire il modo per uscire di qua! So che questo piano può sembrare totalmente stupido, ma non ho niente da perdere nel metterlo alla prova. Del resto, non sono state forse le idee più insensate a permetterci i progressi tecnologici più incredibili? Il primo aereo, il primo sottomarino, l'elettricità... Sarò il primo uomo a volare su un carrello per la spesa! È un piccolo passo per l'umanità, ma un salto da gigante per me!

È così, eccomi in cerca di ogni possibile risorsa per la costruzione di un enorme trampolino per spedire me e il carrello sull'Isoletta. Cosa succederà mai da quelle parti, mentre tutti si danno un gran daffare sulla Grande Isola? Devo verificare ogni possibile attività si svolga laggiù: consegne, rifornimenti, qualsiasi cosa possa mettermi sulla buona strada per uscire da questo inferno. Due sono le principali condizioni per questa impresa: non farmi sorprendere in piena costruzione, perché diventerei una preda facile, e tenermi alla larga dalla tempesta. Insomma, devo sbrigarmi.

Ci siamo. Da novello Attila, ho abbattuto ogni cosa intorno a me. Raccogliere altre risorse, a meno di non avventurarsi più tardi nell'entroterra, sarebbe impossibile. E comunque non mi conviene… oltre a essere decisamente troppo rischioso. Dall'altura su cui mi trovo, per realizzare il mio scopo e costruire una prima rampa ascendente mi bastano pochi secondi. Una volta finito, realizzo una piattaforma in pietra. Dev'essere il più solida possibile perché mi servirà da punto di partenza. Ancora una volta me la sbrigo velocemente. Non c'è bisogno che sia molto ampia. D'istinto lancio un'occhiata ai dintorni. Nessun movimento, tutto tranquillo. Perfetto. Ridiscendo per recuperare il carrello. Tornato alla linea di partenza, lo fisso in un angolo in modo che non cada prima che abbia terminato la costruzione. A quel punto inizio il primo segmento della pista di decollo e, allineando un pannello dopo l'altro, formo una lunga discesa verso l'oceano. A furia di lanci dal bus volante, soffro sempre meno di vertigini. Ma ammetto che, appollaiato quassù in sospeso sul vuoto, la voglia di tirarsela passa subito. Per fortuna, a forza di ripetere lo stesso gesto, procedo sempre più velocemente. Ancora qualche secondo e potrò passare al secondo segmento del trampolino. … No! Sbattimento! Sono rimasto a corto di pietra! Vorrà dire che si continua col legno, incrociando le dita perché non crolli tutto quando passerò alla massima velocità sul carrello. Ecco, è arrivato il momento di attaccare col segmento in piano. E di accorgermi con orrore che non ho modo di garantire una morbida transizione fra i segmenti del trampolino. Pazienza. Del resto non ho scelta. Dal minialtoparlante stanno già risuonando i messaggi di allerta che annunciano tempesta. In pochissimo tempo sono già passato all'ultimo segmento. Poche rampe saranno sufficienti per assicurare la giusta traiettoria. Una decina di secondi più tardi, tutto è pronto. Non mi resta che tornare alla piattaforma di lancio. Finora sono stato fortunato, nessuno ha notato il mio trafficare. E quando arriva l'annuncio che la tempesta è in movimento, io sono già in cima. Da lassù, in effetti, scorgo alla perfezione la nube avvicinarsi.

Impugno a due mani il carrello e mi avvicino al pendio. Mi sporgo un pochino con le ruote davanti. Poi mi guardo attorno e tiro un enorme respiro. Sto per lanciarmi, quando rimbombano tre spari. I proiettili mi fischiano sopra la testa. Mi volto e, ai piedi della struttura, avvisto la ragazza dell'ultima volta. Rinfodera l'arma e mi fa un cenno con la mano. Poi impugna una bomboletta di vernice e disegna una tag sul pannello alla base. E voilà, il mio trampolino è ormai decorato da un arcobaleno sospeso fra due nuvolette. Per rispondere al saluto, libero una mano ed ecco che il carrello mi sfugge e comincia la discesa. Mi lancio dietro, lo riafferro e, simile a un pilota di bob, comincio a spingerlo con tutte le forze. Dopo una bella accelerazione, salto sulla sbarra di ferro che unisce le ruote dietro, poi mi chino in avanti il più possibile. Sto prendendo sempre più velocità. Il rottame vibra da ogni parte con un rumore infernale. Non oso guardare nulla al di fuori della pista. Quel che temo di più sono i cambi di pendenza. Se i raccordi fra le assi sono troppo bruschi, sono spacciato. Ancora pochi secondi e saprò se la va… o la spacca.

Yesss! È andata! Vorrei poter urlare per sfogare l'ansia. Raggiunto il segmento orizzontale, cambio posizione e, da sporto in avanti, mi inclino verso il retro. Boom! Tutto procede a meraviglia mentre, al massimo della velocità, divoro anche l'ultimo segmento del trampolino. Giunto all'ultimo pannello mi ripiego su me stesso come se comprimessi una molla e… zac! Nel momento esatto in cui le ruote stanno per abbandonare il trampolino, mi raddrizzo e mi protendo verso l'alto, senza però mollare la sbarra superiore.

Sto volando! La traiettoria è perfetta, manco fosse stata la NASA a spedirmi in orbita. Il vento mi sferza in viso. Il cielo è sereno e vedo con chiarezza l'Isoletta avvicinarsi. Ci siamo, sto cominciando la curva discendente del mio volo planato. In meno di una ventina di secondi dovrei atterrare sul prato. La sola prospettiva mi fa di colpo sorridere con gran soddisfazione, quasi con arroganza. Il cuore mi batte a mille. Poi, di colpo, schiacciato dalla pressione del mio stesso corpo lanciato a tutta velocità, il mio vascello di fortuna si accartoccia in un ammasso di ferraglia. Siamo andati a sbattere: una barriera completamente invisibile ha arrestato di colpo la nostra corsa. Malgrado lo shock rimango cosciente ancora qualche secondo, giusto il tempo di scivolare lungo il muro trasparente, di constatare che non mi sono fatto nemmeno un graffio, e di ammarare miseramente in pieno oceano. Era un'idea del tutto folle. Ma sia chiaro che la mia carriera di costruttore non è per nulla finita. In fondo, ogni fallimento mi avvicina sempre più a una vittoria. E a furia di scartare possibilità, finirò pure per trovare una soluzione.

La tempesta. Dev'essere lì la chiave di ogni enigma. È sulla tempesta che convergono tutte le mie domande. Ed è grazie a lei che troverò una via di uscita. D'ora in poi concentrerò su di essa tutti gli sforzi. Si sposta, si restringe, quindi dovrà pur esserci un sistema che la alimenta, che la fa avanzare. Ho buone ragioni per ritenere che funzioni come lo scarico di un lavandino e che il punto dove succede tutto sia il centro. Se c'è qualcosa da scoprire, è nell'occhio che lo troverò. E, in ogni caso, rimane la mia pista migliore.

Di certo questa esplorazione non sarà una passeggiata. È proprio nel centro che si affollano tutti i miei compagni di ventura. Anzi, dove giungono solo i migliori e si sfidano fra loro dopo aver liquidato gli sfigati indifesi come me. Prima però di lanciarmi in questa nuova impresa, preferisco verificare un'ultima cosa.

Ci ho messo un bel po' di tempo, ma alla fine sono riuscito a tornare al mio posticino prediletto. Al riparo da sguardi indiscreti, posso dedicarmi a un'ennesima tornata di raccolta massiccia di materie prime. Voglio togliermi ogni dubbio, per questo devo realizzare un ultimo folle progetto. A causa della barriera invisibile, qualsiasi sortita via mare è impossibile. Su questo non ci piove. Ma che dire del cielo? Voglio giocarmi le mie carte anche qui. Nella raccolta di materiali sono sempre più efficiente. I segnali di allerta tempesta sono già iniziati ma non mi preoccupo, ho ancora un po' di tempo prima che si scateni la tormenta. Costruirò una rampa che salirà in cielo il più in alto possibile. E se nessuno mi ostacolerà, vedremo un po' dove riuscirò ad arrivare.

Ecco che assesto gli ultimi colpi di piccone. Direi che ho racimolato materiali sufficienti per raggiungere una ragguardevole altezza. Un'ultima occhiata ai dintorni prima di mettermi all'opera. Comincio a scorgere la nube in arrivo, così decido di orientare la costruzione nella direzione opposta al suo avanzare. In questo modo guadagnerò quanto più tempo possibile prima di finirle in pasto. Nessuno nelle vicinanze… Su, al lavoro!

12

L'ANGELO DELLA MORTE

Prima di iniziare, rivolgo un ultimo sguardo alla tempesta in arrivo alle mie spalle. Mi dà una bella carica. La rampa dovrà portarmi il più in alto possibile. Lo scopo dell'operazione è scoprire se c'è qualcosa al di là delle nuvole. Questo posto deve averlo costruito qualcuno pezzo per pezzo, ne sono certo, perché mi sento una specie di prigioniero in un acquario o in una sorta di prigione. E magari, salendo abbastanza in alto, riuscirò a fuggire.

Poso il primo pannello. Arretro di qualche passo per prendere lo slancio, poi mi metto a correre. Col giusto ritmo, posso avanzare a tutta velocità e insieme costruire. I pannelli, man mano che procedo, praticamente mi compaiono sotto i piedi. È fantastico! Il rumore dei passi sul legno, insieme a quello della costruzione, mi inebria. Ho la sensazione di lanciare una carica di cavalleria! La delusione non tarda però ad arrivare. Non passano dieci secondi che subisco un primo attacco. Procedere è fuori questione. Mi conviene fare dietrofront, prima che la caduta sia inevitabile. La cosa mi fa imbestialire.

Non c'era nessuno, ho controllato. E invece 'sto tipo da dove salta fuori? Mi blocco all'istante e riparto di corsa in senso opposto. Gli spari raddoppiano: non sono più l'unico bersaglio, anche il mio cecchino è finito sotto agguato. Ne approfitto per cercare un riparo ma, ancor prima di scovarne uno, i colpi cessano.

Perplesso, osservo i dintorni e cerco di capire cosa sia successo. A qualche decina di metri, scorgo un primo mucchietto di armi ed equipaggiamento. Di sicuro eredità del mio aggressore. Poco lontano, dalla cima di una torretta di due piani costruita apposta per lo scontro, sbuca una persona. È LEI! Mi regala un piccolo cenno di saluto, salta ai piedi della costruzione e la marchia con un tag. Lo stesso di sempre: una nuvoletta di cuoricini. Poi però disegna qualcos'altro: una porta. Infine, veloce come è apparsa, scompare. Cosa avrà voluto dire? Ci rifletterò più tardi. Ho la tempesta alle calcagna, devo continuare la missione.

Torno così alla mia folle opera. Passando, ne approfitto per rinforzare i primi pannelli, danneggiati dalle mitragliate.

Eccomi ripartito. Sto correndo. In pochi istanti ho ritrovato il ritmo di prima. Non ho più bisogno di guardare ai miei piedi per accertarmi della solidità della struttura: posso rivolgere lo sguardo avanti. E più salgo, più la vista si fa magnifica. Nonostante l'altezza raggiunta, però, non noto il benché minimo indizio di uscite. Continuo a salire, ancora e ancora, quando, d'un tratto, per un pelo non piombo nel vuoto. Nooo! Per fortuna ho sempre avuto buoni riflessi. Impossibile continuare a costruire verso l'alto... Sono bloccato! Alternative? Posso costruire in orizzontale, questo sì, ma di continuare con l'ascensione, non se ne parla. Eccheccavolo! Mi sento come un topo da laboratorio perso in un labirinto. Le riserve di materiali cominciano a scarseggiare. Tornare indietro e andarmi a cacciare nella tempesta? No! E allora inverto l'inclinazione della rampa e inizio a scendere. Presto o tardi si vedrà dove andrò a sbattere. Presto, purtroppo, e anche molto: ho finito i materiali. Se salto da questa altezza, non ho speranze di salvarmi. Osservo la tempesta e noto che si è momentaneamente fermata. Questo mi garantisce qualche minuto di relativa tranquillità. Ancora una volta risuonano degli spari. L'inizio della rampa è lontano, perso da qualche parte in una zona ormai tossica. Ma allora a chi sarà mai potuto venire in mente di guardare nella mia direzione, lassù per aria, all'estremità di una rampa in legno scesa dal cielo, senz'ombra di alture nelle vicinanze? Il quesito è presto spiegato: i colpi non sono destinati a me. E così, tutt'a un tratto, mi scopro spettatore in prima fila di uno scontro appena scoppiato.

La situazione si rivela strana. Inedita. Per il momento riesco a vedere una sola figura. Sta sparando qualche raffica. A prima vista sembrerebbe correre e basta, senza scopo. Sento altri colpi e mi rendo conto che il poveretto è in fuga, ecco la spiegazione. La cosa strana è che l'inseguitore apre il fuoco solo per distruggere i ripari dietro i quali l'«abitante» cerca di rifugiarsi. Che costruisca un muro o si nasconda dietro un albero, il risultato non cambia. Nel giro di una o due salve, deve rimettersi a galoppare in cerca di un nuovo riparo. Mi ricorda un po' quel giorno in cui ho sorpreso in giardino il mio gatto torturare un topolino: dominava la situazione, gli lasciava credere di avere delle chance di salvarsi... Raccapricciante.

Oh no! Il fuggitivo è scivolato. Sta cercando in ogni modo di rialzarsi. Nel rimettersi in piedi, alza lo sguardo verso la sommità del pendio da cui è appena precipitato. Come per magia, però, l'inseguitore sta già aspettandolo sul fondo. Lo spia. La preda non si è accorta di lui, convinta che la minaccia sia ancora alle spalle.

Lo vedo e mi si gela il sangue. Qualcosa di oscuro emana dalla sua persona. Piume di corvo, o qualcosa del genere, gli coronano il collo. Un cappuccio in testa impedisce di scorgere i tratti del viso. L'unica cosa che brilla in tanta tenebra sono gli occhi, due piccole biglie viola a galla sul petrolio. Il resto del corpo è bardato da cinghie di cuoio con anelli d'argento. Guanti e stivali, in ferro, brillano di una turpe luce fredda. L'assassino è

pronto per entrare in azione. È solo questione di secondi, ormai. Devo escogitare un diversivo. Qualsiasi cosa, ma in fretta. Frugando precipitosamente nello zaino tiro fuori il primo oggetto che mi capita sotto mano: un kit medico. Perfetto! Senza esitare un istante, lo lancio al poveretto in trappola.

Sento la gola stringersi in un nodo, non riesco quasi più neppure a deglutire. Il mio lancio è molto preciso e avverte il ragazzo della mia presenza. Si volta verso di me. Ma lo stesso fa il suo inseguitore – quanto mi piacerebbe indossare quel costume in una notte di Halloween! – che in un attimo ha già dimenticato la preda, anzi, per essere precisi, la «precedente» preda. Sembrerebbe che la mia apparizione abbia gettato scompiglio in un bel quadretto familiare. Fissandomi negli occhi, preme sul grilletto del canne mozze. La detonazione è spaventosa, poi rimaniamo solo io e lui. Non so perché ma in quel momento preciso due cose mi passano per la testa. La prima è che, se potesse parlare, direbbe: «A noi due!». La seconda è che ben presto scenderò dal mio trespolo, anche se non proprio come avevo immaginato.

Sta temporeggiando, strano. Solo pochi istanti, però, perché con una velocità e un'agilità fuori del comune raggiunge un'altura che gli offre protezione e un'ottima visuale nella mia direzione. Mi ritrovo bell'e inquadrato nel mirino di un fucile di precisione. Sotto sotto, però, mi sento quasi sereno: mi sa tanto che la sentenza sarà sbrigativa. La prima detonazione mi fa trasalire. Sento fischiare il proiettile. Non mi ha colpito, nemmeno sfiorato. A che gioco sta giocando? Non posso credere che un mostro simile possa mancare il bersaglio. E se stesse cercando di mettermi paura? Per quello non ha bisogno di sprecare munizioni, la sua presenza basta e avanza per terrorizzarmi…

A quel punto, in modo assolutamente inaspettato, mi rivolge un cenno amichevole con la mano, un «ciao» che, più verosimilmente, si traduce in un «arrivederci». Poi esplode il secondo sparo. Che produce gli stessi effetti del primo e io, con mia grande sorpresa, sono ancora in piedi. Ho appena il tempo di vederlo girare i tacchi, poi scompare di colpo. Sarà l'emozione, ma sento dei leggeri tremolii. Stendo il braccio e verifico: la mano è ben salda. Poi mi controllo tutto il corpo. Proprio in quel momento sento il rumore caratteristico che fanno le tessere di un domino che cadono. E capisco: ha polverizzato la rampa alla base. Sta cominciando il crollo. Che bastardo! La sua è una trovata da vero pervertito. Scomparirò accompagnato dalla mia creazione. Ma intendo andarmene con dignità. Alzo il capo, sollevo lo sguardo all'orizzonte. C'è un che di poetico…

Ci siamo. Sto franando al suolo insieme alle rovine della mia costruzione. Getto un'occhiata fulminea sotto di me, e all'istante sento rimbombare nuovi spari. Mi accorgo che qualcuno, per salvarmi, si è lanciato nella costruzione di una torre. Mentre precipito, dei piani si stanno sovrapponendo l'uno sull'altro. I progetti del buon samaritano, però, vengono mandati all'aria da colpi di pistola e armi automatiche.

Non riesco a distinguere chi stia dando la caccia a chi, ma di una cosa sono certo: sono ancora vivo per riferirne. Lo scontro che si è appena scatenato assomiglia a un uragano: travolge ogni cosa sul suo passaggio. Le strutture che i suoi protagonisti stanno via via costruendo appaiono e immediatamente scompaiono. Danno vita a un moto vorticoso che sale e scende. Vince chi riesce a ingabbiare l'altro. Non avrei mai immaginato che si potessero fare cose del genere con le costruzioni. È allucinante! Sono assolutamente sopraffatto dagli eventi. A questo punto la miglior carta che possa giocare è darmela a gambe levate. Quei due possono benissimo regolare i loro conti senza di me.

Vorrei passare inosservato, ma non so bene da che parte scendere. La via più breve fra due punti è la linea retta! E allora salto meglio che posso fra i pezzi di costruzione che resistono al fuoco dei duellanti. Tutt'a un tratto il cuore mi si ferma di colpo! Di fronte a me, due biglie viola mi fissano scintillanti. È una frazione di secondo, poi l'uomo in nero scompare e io mi ritrovo chiuso in un cubo di legno. Mi prende un'angoscia folle, centuplicata dalle raffiche di colpi frammiste a rumori di corse e di salti. Nel pieno della disperazione riconosco improvvisamente un suono familiare, uno strepito che risuona fin dentro la mia gabbia, un mix di rumori di molle e piastre metalliche. Questo vuol dire che nel bel mezzo dell'enorme putiferio, stanno anche cominciando a fiorire trappole a spuntoni. Basta passare alla loro portata per finire impalati da enormi lance che scattano come un serpente a sonagli – questa è l'immagine che mi viene subito in mente – che si avventa sulla preda. E il colmo dell'orrore è che non solo te le ritrovi per terra, ma anche fissate sui soffitti. Persino le pareti possono esserne addobbate. La situazione non potrebbe essere peggiore.

Prima di azzardare la minima mossa, cerco di gettare un occhio attraverso le assi. Devo prima capire dove sono state sistemate le trappole. Quel che scopro, però, non ha nulla a che vedere con quelle diavolerie meccaniche: è di nuovo LEI! Il mio soccorritore è una soccorritrice. Sfodero il piccone per abbattere il muro che ci separa. In un attimo sono fuori, ma lei è già scomparsa. Ascolto da dove provengono gli spari: dev'essere salita su per la scala davanti a me. Mi lancio all'inseguimento, ma appena monto sui primi gradini una raffica squarcia le assi sotto i miei piedi. Dovrei indietreggiare e prendere un'altra strada. Ma è più forte di me, non posso lasciarla da sola alle prese con lo psicopatico. Al diavolo gli spari, mi lancio lo stesso. Finalmente raggiungo un punto da dove potrei individuare il cecchino, ma è troppo tardi. Ho solo il tempo di scorgere lo sguardo dolce e desolato della mia salvatrice, che malgrado i suoi sforzi non è riuscita a dissuadermi dal salire la scala. Mentre l'ultima cosa che sento è lo scattare della trappola azionata dal mio passaggio: sono fritto.

13

LA PAROLA ALLE MANI

Qualcuno riuscito a scampare alle trappole in voga da queste parti mi è capitato di vederlo. Sono necessari grande velocità e un fisico da olimpionici. Io, invece, sono ben lontano dall'avere i riflessi adeguati per schivarle. Non appena sento il click tipico del loro azionarsi, la mia prima reazione è rannicchiarmi e proteggermi la testa. Un'operazione che, purtroppo, davanti a un erpice lanciato a massima velocità si rivela inutile. L'incontro con «Lei», ancora una volta, non ha avuto esattamente un lieto fine. Incrociarla, in ogni caso, mi fa sempre un grande piacere. Finora è stata la sola persona a mostrare un po' di compassione nei miei confronti. Mi ha teso la mano ogni volta che ne ha avuto la possibilità, sempre e comunque. Di «Lei», o delle motivazioni che la animano, non so nulla. Non so nemmeno come si chiama. Ma esperienze del genere, in me che non ho mai creduto nel «destino», cominciano a intaccare la convinzione che sia il caso a governare ogni cosa.

Invecchiando, si impara ad ampliare i propri orizzonti. Ho sempre avuto paura dell'ignoto e un gran bisogno di certezze e, per questo, ho sempre cercato delle basi solide per sostenere il mio mondo. Dei luoghi dove sapevo di non correre rischi, di essere protetto. Quand'ero piccolino, per esempio, mi rifugiavo in fondo al letto. Diventava la mia fortezza, la roccaforte in cui potevo rintanarmi. Poi, man mano, mi sono appropriato dell'armadio, della camera, dell'intera casa.

Allargavo il mio territorio stabilendo piccole basi un po' ovunque: la camera del mio migliore amico, il negozio di fumetti, la panchina a ridosso della grande fontana del parco accanto a scuola. Quando volevo dimenticare un brutto colpo, una situazione difficile, mi bastava cercare rifugio in uno di questi posti. Ritrovarmi lì mi dava immediato conforto e un senso di sicurezza.

Oggi mi rendo conto di aver riprodotto questo schema sulla Grande Isola. Ho i miei luoghi di atterraggio eletti, sempre gli stessi. Qualsiasi sia la traiettoria presa dal bus volante, dispongo di punti di arrivo prestabiliti, posti che conosco a menadito e dove mi dedico a routine ben precise e ripeto instancabilmente gli stessi gesti, secondo i miei ritmi. Col passare del tempo ho cominciato a considerarli quasi come case. Questi luoghi mi appartengono. Mi rassicurano. Grazie a loro sono in grado di condurre con serenità i miei studi sul funzionamento della tempesta. Lì trovo le condizioni migliori per lanciarmi alla conquista del suo occhio.

Dal mio terrificante incontro con l'Angelo della Morte, però, sta succedendo qualcosa di insolito. Ogni volta che atterro sulla Grande Isola trovo i miei luoghi «eletti» immancabilmente taggati con la stessa firma. La riconoscerei fra mille. Prima di iniziare ogni periplo, «Lei» si prende sempre la briga di fare una deviazione e lasciarmi un piccolo segno. Ha tutto il tempo per agire prima del mio arrivo perché, va detto, non sono mai il primo a scendere dal bus e tantomeno il primo a toccare terra. I momenti in cui plano sull'Isola sono preziosi per il mio benessere e la mia salute mentale. Tengono lontano lo stress inevitabile che mi causa la ricerca della libertà. L'espressione «la quiete prima della tempesta», posso garantirlo, è più familiare a me che a qualsiasi marinaio pronto per sciogliere gli ormeggi...

Il suo è molto più di un semplice «buongiorno». È un modo per aprirmi la strada, per sgombrare il campo prima del mio arrivo. Non ho idea del perché agisca in questo modo, ma mi è di grande utilità. In un posto simile, avere dalla propria parte qualcuno che va in avanscoperta, un angelo custode, è un lusso che non si rifiuta. Grazie a lei posso raddoppiare, persino triplicare, il tempo di esplorazione a mia disposizione. Sento di non essere più molto lontano dall'arrivare al centro della tempesta. Devo solo insistere.

Oggi, però, non so perché ma non è un giorno come

gli altri. Ha tutta l'aria di essere una «giornata storta». Niente va per il verso giusto. Al contrario, va tutto alla rovescia! In momenti così, divento il mio peggior nemico. Per prima cosa ho ciccato il lancio dal bus, finendo per atterrare molto prima del previsto. E io odio uscire dalle mie routine, mi stressa. Provo a riordinare le idee. Non devo ascoltarmi. Devo fidarmi di me stesso. Davvero voglio spicciarmi come al solito? Meglio non avere fretta. E se questa volta, per sfuggire alla tempesta, seguissi il fiume? Oppure potrei tagliare per le montagne…

Atterro alle spalle di una casa all'estremità meridionale della Grande Isola. I vantaggi di questo posto sono molti. La casa assomiglia a una vera e propria roccaforte, appollaiata sull'orlo della scogliera e isolata da tutto; da lassù, inoltre, si dominano i dintorni: una volta dentro, farsi sorprendere è impossibile. Ma non è finita qui. Spesso la mansarda nasconde un forziere, e questo è uno dei vantaggi del saper costruire: non c'è posto che non si possa raggiungere. Appena messo piede a terra, a dispetto di tutte le mie normali precauzioni, corro a rifugiarmi dentro. Senza però riuscirci, perché mi ritrovo fra i piedi un intruso. In preda al panico, sto per svignarmela come un coniglio. Ma cambio rapidamente idea. In piedi davanti a me, tranquilla e serena, c'è «Lei». La mia intrusione non l'ha turbata affatto. Sembra del tutto a proprio agio, quasi avessimo un appuntamento.

Dopo qualche secondo di imbarazzo, tiro fuori il piccone e batto per terra l'unica sequenza Morse che conosca. Tre colpi brevi, tre lunghi, tre brevi: SOS. No, perché l'ho fatto? È un'idiozia! Maledetta giornata storta! Perché non ho riflettuto un attimo? Se conosce il codice Morse mi prenderà per pazzo, visto che non c'è nessun pericolo imminente in agguato. O, peggio, rischia di rispondermi con un messaggio che non sarei capace di decifrare!

Risuonano i primi annunci dell'arrivo della tempesta. Il loro volume mi sorprende. Poi realizzo che, molto semplicemente, riceviamo in due gli stessi avvisi in simultanea. In me, però, provocano un certo stress, mentre su di lei non sembrano avere alcun effetto.

Fissandomi negli occhi, sfodera la bomboletta spray. Disegna un podio, poi una freccia che indica il primo posto. Rialza la testa verso di me e mi indica il gradino più alto. Eseguo gli ordini, prendo posto nel punto indicato, e subito lei si lancia in una piccola danza della vittoria. Purtroppo, però, non capisco un'acca di quel che sta cercando di dirmi. A quel punto estrae un'arma dallo zaino e cerca di darmela. Mi scurisco in volto e rifiuto l'offerta. Lei disegna un punto interrogativo. Replico con un piccolo cenno della mano: un attimo di pazienza. È venuto il momento di provare a spiegarle che ci faccio da quelle parti.

Mi sforzo di mimarle chi sono, un po' come se giocassimo alle sciarade. Per prima cosa alzo il dito indice per indicare che la parola da indovinare è una sola. Poi lo punto verso di me e assumo un'aria da bel tenebroso. Dopo di che mi posiziono di fronte al punto occupato l'attimo prima: con una mano simulo l'obiettivo di una telecamera, mentre con l'altra imito il movimento di una manovella, per suggerire la registrazione. Lei scoppia a ridere e si mette ad applaudire. Titubante, comincio a ridere insieme a lei anche se, sotto sotto, mi sento punto nel vivo. Lo nota immediatamente e mi passa la bomboletta di vernice.

Scrivo il mio nome per terra e le rendo la bomboletta. Proprio accanto al mio, scrive «Ella». Sorrido e le tendo la mano. È un bellissimo nome, Ella. Che per tutta risposta sfodera un'arma semiautomatica. Guizzano proiettili da ogni parte. Un impiccione mi ha aggredito alle spalle e «Lei» mi ha salvato la pelle per l'ennesima volta. Fa segno di muoversi: gli spari rischiano di attirare altra gente, e non manca molto prima che la tempesta si manifesti. Insomma, con mia grande delusione, non abbiamo il tempo di conoscerci un po' meglio. Ci lanciamo verso nord di corsa. O meglio, nel caso di Ella, sono perlopiù saltelli inframmezzati da piroette. In ogni caso, è molto più veloce di me. Forse si tratta di una tecnica per scoprire movimenti sospetti nei dintorni. Personalmente, mi fa venire da vomitare.

PAUL
ELLA

Scendiamo a precipizio un pendio, poi iniziamo a risalire per una collina. Alla fine giungiamo in vista di una grande fabbrica con una ciminiera principale che si erge altissima nel cielo. Resti sparsi di costruzioni in legno testimoniano come diversi edifici siano stati luogo di numerosi scontri a fuoco. Rimbomba un primo sparo, potente. Il proiettile esplode a meno di un metro da me. Segue una prima raffica, poi una seconda. Questa volta sono colpito. Senza capire bene come, mi ritrovo rinchiuso in una scatola di pietra. Ella posa ai miei piedi delle bende e una pozione di colore azzurro. L'istante dopo apre un buco sul retro del rifugio, e lo richiude immediatamente dopo essere passata. Scomparsa.

Mi medico meglio che posso, poi esamino la strana bevanda. Cosa può essere? Mi pare che i miei genitori abbiano una bottiglia di liquore di un blu simile. Un liquore con uno strano nome. O forse è sciroppo alla menta? O un cocktail? Lo stappo per annusare il contenuto. So che non si fa, ma chi verrà mai a farmi la lezioncina qui, fra quattro mura di mattoni? Nessun tipo di odore. Niente di niente. Bevo d'un fiato il contenuto del flacone. Non saprei descrivere per nulla il sapore di quel beverone, fatto sta che, dopo averlo tracannato, mi sento indiscutibilmente rinvigorito. Se mi ricapita a tiro una di queste pozioni, di sicuro finisce nello zaino insieme al resto dell'equipaggiamento. Non si sa mai che possa tornare utile.

Piccone alla mano, mi apro un varco verso l'esterno. Quando tempo sarò rimasto lì rinchiuso? Gli spari sono finiti. Sporgo la testa e avvisto la tempesta in avvicinamento. Sono indeciso. Aggirare la fabbrica? Tagliare in mezzo agli edifici? Mi sembra evidente che oggi sia molto meglio non seguire l'istinto: è la giornata storta. Il tempo stringe. E allora mi lancio nella tana del lupo, incrociando le dita perché il mio angelo custode sia ancora nei paraggi. Mi avvio lungo il viale centrale. Ci sono armi sparse un po' ovunque ma io continuo nella mia volata. Intanto lancio occhiate in ogni direzione, sperando di scorgerla. Più avanzo, più l'angoscia mi assale. Il fatto che Ella sia scomparsa non promette nulla di buono. Giungo all'altezza dell'ultimo edificio, ed è più forte di me: mi fermo. La porta aperta mi fa venire una voglia irresistibile di buttare un occhio. Mi volto per valutare la posizione della nube.

Trenta secondi dovrebbero bastare per un sopralluogo veloce. Ella potrebbe aver bisogno del mio aiuto... Come potrei continuare così per la mia strada, da egoista, dopo tutto quello che ha fatto per me? No, impossibile.

Mi infilo nella prima stanza: nulla di strano. Non perdo tempo e attraverso di filato due locali. L'ansia comincia a mordere. Dilaniato fra sensi di colpa ed egoismo, decido però di farmi carico di tutte le mie responsabilità e procedo negli uffici. Guardo un po' ovunque, terrorizzato all'idea di ritrovarla abbandonata in un angolo, malconcia. Nulla.

Sto già per fare dietrofront verso l'uscita quando noto la presenza di un bagno. Quale miglior rifugio del luogo di privacy per eccellenza? Devo sbrigarmi, sento già la tempesta rumoreggiare. Mi precipito all'interno. Il pavimento è disseminato di ogni sorta di oggetti, armi e materiali. Solo che, nello slancio, non riesco a fermarmi in tempo. E sì che il mio cervello aveva messo in relazione tutta quella chincaglieria con la porta chiusa…

La giornata storta si chiude con una bella trappola, sistemata a regola d'arte.

14

CE N'È PER TUTTI

Un centinaio di persone, in uno studio televisivo, applaudono al ritmo di una tecno scatenata. Il presentatore balla come un forsennato, neanche fosse alla chiusura del bar della spiaggia, l'ultimo giorno delle vacanze estive. Poi, in una frazione di secondo, con un cenno della mano, interrompe musica, applausi e la sua stessa coreografia.

«Ehi! Ehi! Ehi! A quanto pare, anche qui la situazione è infuocata! Non è vero, amici? Perché quella di stasera è una puntata eccezionale: è venuto a trovarci un grande ospite. Un genio. Io lo adoro, è Marc Langelo! Il creatore di…

Si volta verso il pubblico e grida: «*Royal*!», e tutti rispondono: «*Supremacy*!». Tre ripetizioni dopo, un lieve cenno della mano e di nuovo cala il silenzio.

«Anche loro ti adorano, Marc… E ti dirò, è tutto meritatissimo. Per me, il tuo programma è un appuntamento sacro! Quando lo guardo nessuno può nemmeno rivolgermi la parola. Sono totalmente dipendente. È fantastico! Ne parleremo fra qualche secondo insieme a tutto il tuo team, anche perché sembra che si siano scatenate grandi polemiche intorno al tuo gioco. E vi consiglio di rimanere con noi fino alla fine, perché vi abbiamo riservato una sorpresa speciale! Justine Lexael, la nostra inviata per le missioni impossibili, questa volta è riuscita a partecipare alle riprese di una scena del prossimo grande film di Jane Doe. Un momento da non perdere assolutamente! Vedrete, è pazzesco! Ora è il momento di fare una piccola pausa, ma ci ritroviamo subito dopo con Marc Langelo e tutto il suo team».

Al termine di una breve interruzione pubblicitaria, il presentatore sta di nuovo dimenandosi in scena, poi, con il solito cenno della mano, impone all'istante il silenzio e prende la parola.

«Ma che diavolo mi piglia questa sera? … Marc! Scommetto che nel tuo gioco sarei totalmente incapace di eliminare gli avversari, ma di sicuro farei furore con i miei balletti!»

Il pubblico applaude. Un'opinionista insorge:

«Mi spiace molto ma, questo gioco, lo trovo vergognoso…»

Il presentatore si cala immediatamente nel ruolo di conduttore:

«Françoise Delarive, cosa intendi dire?»

«Dico che questi mescoloni non sono mai una cosa buona…»

NO
FUTUR

«Non mi sembravi della stessa opinione, ieri sera! E non dire che non è vero, io c'ero, ero lì con te, ho visto tutto!»

Altri partecipanti intervengono nella discussione:

«Françoise ha ragione...»

«Ma no! Tutte sciocchezze, è solo un gioco! E rilassati un po'!»

Il presentatore cerca di riprendere il controllo della trasmissione:

«No! No! No! Non tutti insieme, non si capisce niente se parlate tutti nello stesso momento... Jean-Christian Abelle ha ragione, è solo un gioco!»

Françoise interviene di nuovo:

«Non è un buon esempio per i giovani, non ci vuole molto a capirlo. Mettendo sullo stesso piano violenza e...»

Il presentatore la interrompe per strappare una risata al pubblico:

«E la tua messa in piega, invece, pensi che sia un buon esempio per i giovani? ... Marc! Marc! Tu cosa ne pensi delle polemiche che il tuo gioco sta sollevando?»

«Abbiamo impiegato anni per idearlo, svilupparlo e realizzarlo, e a questo scopo abbiamo riunito i migliori specialisti, fra medici e psicologi. Del resto, basta dare un'occhiata ai dati dell'audience per accorgersi che abbiamo fatto un ottimo lavoro».

«Hai ragione, Marc. È indiscutibile, i numeri parlano da soli».

«Se mi permetti...»

«Ma certo, Marc, qui sei come a casa tua!»

«Il mio gioco è una scuola di vita. Ed è la vita a insegnarci ogni cosa. Sappiamo bene fino a che punto sia capace di offrirci una felicità immensa e poi, l'attimo dopo, riprendersi tutto senza che nessuno possa accorgersi di nulla».

E chiamando a testimoni opinionisti e pubblico, aggiunge:

«Su questo, penso che siamo tutti d'accordo, no? Cosa fate quando cadete? Vi lasciate prendere dallo sconforto? No! Certo che no! Trovate la forza per rialzarvi, risalire in sella e ripartire. Ecco, questo è l'esempio che vogliamo dare ai giovani. Questi sono i valori per cui ci battiamo. E questo è anche il nostro gioco!»

Tutta la sala applaude, mentre il presentatore ne approfitta per riprendere la parola.

«Françoise... Marc ha ragione, la vita è fatta così. Basta aprire un quotidiano o guardare il telegiornale: è tutto un susseguirsi di lieti eventi e calamità. Un attimo ridi e quello dopo piangi! E non so voi, ma a me, per tornare di buon umore, basta... ballare!»

Parte la musica, e il presentatore si esibisce in una buffa coreografia. Poi, con un cenno, stoppa tutto di nuovo e, come se niente fosse, riprende la conduzione. Un opinionista, a mo' di scolaretto, ha alzato una mano.

«Attenzione, signore e signori, è un momento importante del programma: Kevin Le Kervideck vuole condividere con noi un suo pensiero!»

«Ma, alla fin fine, il gioco consiste in… Sì, insomma, bisogna ammazzare tutti! Bei valori…»

Marc fa finta di svenire.

«Kevin, carissimo! Ma tu vuoi mandarmi all'altro mondo? Per poco non mi fai venire un infarto! Credo che tu sia una delle pochissime persone qui fra noi a non aver mai guardato il programma. Nessuno dei cento candidati è mai morto né mai morirà. Al contrario! Sono tutti in forma smagliante! Dove sono loro, ad assisterli, ci sono una favolosa équipe di medici e un laboratorio all'avanguardia. Non può succedergli nulla. Anzi, ti assicuro che godono di un'assistenza medica che nessun altro al mondo può vantare. Nemmeno il presidente degli Stati Uniti! Il peggio che può capitargli è uscire dal gioco ricchi sfondati come nessuno di noi sarà mai».

«Non stravolgere il senso delle mie parole. Hai capito bene cosa intendo dire. Morti o non morti, ciò che non mi sta bene è il concetto che «ne rimarrà soltanto uno». Per vincere bisogna annientare tutti gli altri, e senza alcuna conseguenza. Non se ne può più, dell'egoismo imperante in questa società».

«Il signor Le Kervideck non parla molto spesso ma, quando lo fa, punge nel vivo! … Marc? Ha ragione Kevin su questo aspetto?»

«No, penso che si sbagli».

Dopo aver risposto al presentatore con un grande sorriso, Marc si volta verso Kevin.

«Lo sai Kevin, quanti spermatozoi c'erano ai blocchi di partenza, il giorno in cui sei stato concepito? Un bel po', vero?»

E senza attendere risposta, continua:

«Diverse centinaia di milioni. E quanti ne sono serviti, alla fine, per far nascere Kevin? Uno solo. Il nostro gioco è una metafora della vita, l'egoismo non c'entra nulla… Purtroppo, per questioni di budget, potevamo mandare ai blocchi di partenza solo cento candidati, non milioni. E di questo ce ne scusiamo col pubblico…»

«'Il nostro gioco è una metafora della vita.' Geniale, Marc! Perché non fai stampare delle t-shirt con questo slogan? Diventeresti milionario!»

«Bravo, parli di milioni, e capita proprio a proposito. Perché si dà il caso che, diversamente dagli spermatozoi, i nostri partecipanti POSSONO diventare milionari. Ma credimi: per intascare il montepremi, non basta spuntare qualche casella su un pezzo di carta. Nel nostro gioco bisogna lottare, bisogna superare se stessi. Solo se dai il meglio di te, vieni premiato. Se ti lasci andare, l'errore lo paghi e subito! Questi sono i valori che difendiamo, e non è robetta da poco!»

«Fantastico, Marc! Ben detto! Un applauso per Marc!»

Il presentatore incoraggia il pubblico ad alzarsi e applaudire il produttore. I due uomini, visibilmente soddisfatti, si lanciano un'occhiata d'intesa. Poi il presentatore continua:

«Ho un'idea! È un po' fuori programma ma… perché non facciamo un sondaggio improvvisato, così, in famiglia? Voi che ci seguite da casa potete telefonare per dirci cosa ne pensate di *Royal Supremacy*. Perché questo programma è anche il vostro, di programma. E allora, in attesa di scoprire i vostri pareri, facciamo una piccola pausa e ci ritroviamo subito dopo».

Al termine della pubblicità, sul palcoscenico stanno ballando tutti, e il presentatore è scatenato. Ma non appena alza una mano, tutti sono subito sull'attenti.

«Eccoci di ritorno a *Ce n'è per tutti*. E questa sera, colui per il quale ce n'è un po' più che per gli altri è Marc Langelo! Il creatore di *Royal Supremacy*! Un applauso per Marc!»

Il pubblico esegue. Col sorrisetto sulle labbra, Marc ringrazia con un cenno del capo.

«Te lo meriti, Marc. Tu hai rivoluzionato i giochi televisivi, hai stabilito nuove frontiere, ti sei spinto dove nessuno prima di te è mai arrivato. Questa, in ogni caso, è la mia opinione. I nostri telespettatori, invece, cosa ne pensano? È venuto il momento di dare un'occhiata al nostro piccolo sondaggio».

Sul megaschermo dello studio compare la domanda: «A favore o contro *Royal Supremacy*?». Segue, subito sotto, la percentuale dei favorevoli: il novanta percento. Raggiante, il presentatore riprende la parola.

«Ma quello di stasera è un plebiscito! Anche se, a dir la verità, non sono molto sorpreso. Il tuo programma è un successo assoluto. Non solo qui da noi, ma nel mondo intero».

«Siamo TT mondiale a ogni prima serata».

«Top Tweet mondiale, amici miei! È straordinario!»

«Abbiamo un'ampia copertura sulle diverse piattaforme social, e la diretta del programma viene riproposta su numerosi supporti. Tutti, nel mondo, devono poterlo guardare, e soprattutto devono poter partecipare, a prescindere dal paese in cui si trovano. Questa è la nostra priorità assoluta».

«Siete dei ge-ni! Io, devo confessartelo, voto sistematicamente per l'Angelo della Morte. Mi terrorizza e mi affascina. E mi dà l'impressione di essere invincibile! Voi, invece, che dite? Qual è il vostro giocatore preferito?»

Intorno al tavolo dello studio, l'Angelo della Morte raccoglie un consenso quasi unanime. Ma non è facile capire se gli opinionisti interpellati sappiano davvero di cosa si stia parlando. Le risposte sembrano più che altro destinate a compiacere il presentatore. Arriva il turno di Françoise:

«A me piace una ragazza, e sta andando decisamente bene in questo momento».

Marc coglie l'occasione al volo:

«Grazie Françoise, mi dai la possibilità di precisare una cosa importante: nei nostri casting abbiamo prestato la massima cura affinché venisse rispettata la parità di genere. Le ragazze sono capaci di realizzare performance eccezionali, tanto quanto i ragazzi, ed Ella ne è la prova più evidente».

Kevin riprende bruscamente la parola:

«Girano voci che un militante delle associazioni antiarmi sia riuscito a infiltrarsi fra i partecipanti...»

Il presentatore cerca di smorzare il più velocemente possibile.

«Il signor Le Kervideck è in gran forma oggi! Però sii un po' sportivo, Kevin, non è perché Marc ti ha mandato a cuccia poco fa che devi sentirti obbligato a dare corso ai pettegolezzi più squallidi».

Intanto, con calma, Marc prepara la replica:

«Siamo molto orgogliosi del nostro gioco, della selezione dei partecipanti e del modo in cui tutto, al momento, si sta svolgendo. Nessuno è mai stato capace di fare ciò che abbiamo fatto sinora, quindi è normale che un successo simile scateni qualche invidia. Lo sai quello che si dice del raglio dell'asino, non è vero? Che non fa molta strada... Quanto al partecipante a cui alludi, sta solo mettendo in atto una sua strategia. Il nostro gioco fa emergere la vera personalità di ciascuno. C'è chi nasce combattente, e chi, come questa persona, nasce subdolo e pensa di poter approfittare delle debolezze altrui per farsi strada. A rischio di sembrarvi ripetitivo, il nostro gioco è niente più e niente meno che una metafora della vita. Non esistono medaglie con un solo verso. Quando è così, vuol dire che qualcuno sta imbrogliando. E l'imbroglio non fa parte della nostra filosofia. Quel che piace a noi è la verità! E il pubblico lo sa bene, altrimenti non ci seguirebbe fedelmente come ha fatto finora. A noi gli imbroglioni non interessano! Sono i *winners* che ci piacciono. E così come non esistono medaglie con un solo verso, nella vita non esistono *winners* senza *losers*!»

«Non so voi, ma mi hai convinto, Marc. Anzi, ti dirò di più, mi hai conquistato!»

Il presentatore si mette ad applaudire, subito imitato dal pubblico intero e dagli opinionisti.

«E ora un'altra piccola pausa, ma ci ritroviamo subito dopo per le novità incandescenti di Justine sulle straordinarie riprese a cui è riuscita a partecipare. Non andate via, torniamo fra un istante!»

15

TUTTO SI SPIEGA

Mi sto dirigendo verso uno dei miei punti di partenza abituali. I miei pensieri sono tutti per Ella. Che felicità, avere un'interazione con un essere umano che non preveda armi! Avevo quasi scordato quanto potesse essere gratificante sentire di esistere agli occhi di un'altra persona non necessariamente come preda. E come mi sarebbe piaciuto capire il significato di quel suo disegno… Per quale motivo raffigurare un podio? Mah, in ogni caso la partita è solo rimandata. Al prossimo incontro cercherò di essere più efficace. So di poter contare sulla mia nuova alleata, ormai, e scommetto che mi darà l'aiuto di cui ho tanto bisogno. Anche perché tutte le mie teorie, finora, si sono rivelate sbagliate. Ogni pista seguita mi ha condotto in un vicolo cieco. Non ho trovato alcuna uscita né l'inizio di una pista di rifornimento. Non dispongo nemmeno di un minimo indizio che conduca al marchingegno che aziona quella maledetta tempesta. Ogni mia speranza risiede ormai in una sola persona: Ella.

Nel corso dei nostri brevi incontri, che potremo replicare ogni volta che vogliamo, so che saremo in grado di comunicare grazie alla bomboletta spray. E manterrò i miei punti di atterraggio abituali, che lei già conosce. Ormai cerco di lanciarmi dal bus il prima possibile, per ritrovarla al più presto.

Eccomi atterrato in una delle abitazioni lungo la scogliera. Mi dirigo dritto sparato verso una caverna, non perdo tempo e comincio a ripulire tutto a picconate. Ho intenzione di spianare pareti e suolo in modo da poterci scrivere sopra tranquillamente. Il rumore non mi preoccupa: da quando frequento questi paraggi, so di non aver nulla da temere qui. Questi lavoretti di casa sono un ottimo modo per distrarmi, perché la realtà è che non vedo l'ora di rivederla. Tutt'a un tratto, una ventina di secondi dopo, ho l'impressione di sentire un'eco. Mi volto e la vedo: anche lei è tutta occupata a ripulire il nido. Mi invade una ventata di felicità. È strano, mi sento nervoso come fossi a un appuntamento amoroso, quando il primo bacio è nell'aria ma nessuno dei due osa fare il primo passo. Ella si ferma e si gira a sua volta. Ci scambiamo un timido saluto con la mano, poi lei, col capo, mi indica i materiali che ci rimangono da raccogliere. Mi sento uno dei sette nani: sto lavorando nella miniera gomito a gomito con Biancaneve; ed è una bella sensazione.

In quattro e quattr'otto abbiamo terminato il nostro lavoro. A quel punto Ella getta ai miei piedi la bomboletta. La afferro e mi avvicino alla parete appena ripulita. Rapidamente traccio i contorni di un volto sorridente con la bocca aperta, poi, per divertirla, mi metto in posa da *bad boy*, infine una piccola riverenza, un po' come un attore che esce di scena. Voglio mostrare un po' di autoironia. Per tutta risposta, Ella ripete i miei stessi movimenti. Dopo di che inizia un bizzarro botta e risposta: come due rapper ci affrontiamo in una specie di *contest*, con la sola differenza che, al posto del microfono, ci scambiamo la bomboletta. Tocca a me aprire le danze:

«Che posto è questo? Siamo morti? Siamo all'inferno?»

E lei, meravigliata, sulle prime mi sorride, mentre si sforza in tutti i modi di trattenere le risate. Poi mi scrive:

«Siamo nel gioco, ovviamente!»

«Quale gioco? Io sono qui per fare l'attore».

«*Royal Supremacy*».

«Ma io credevo che fosse il nome in codice del film…»

«Ma quale film?»

Questa volta la bomboletta mi sfugge, finisce a terra e rotola ai miei piedi. Dove mi trovo? In un gioco? Ma io vedo solo gente che balla, e spara… Ella intanto si è avvicinata, raccoglie la bomboletta e mi tranquillizza con un gesto affettuoso della mano, come a dire «va tutto bene». La ringrazio col più sincero dei sorrisi. Recupero il nostro mezzo di comunicazione e continuo su una nuova parete:

«Come se ne esce?»

«Bisogna arrivare primi».

«Primi?»

«Devi uccidere tutti. L'ultimo a rimanere in piedi ha il diritto di scegliere se uscire o rimanere».

Accuso il colpo: non ho la minima chance di uscire di lì. Sono spacciato che più spacciato non si può. Ella mi strizza l'occhio e riprende:

«Ti aiuterò a uscire».

«Impossibile, io non sparo a nessuno».

«Ti insegno io…»

«Assolutamente no! Sono contrario alle armi».

«Ma perché? Non hai altra scelta se vuoi uscire!»

Il suo modo di insistere mi suscita un'emozione che non riesco a contenere. Sento che mi pizzicano gli occhi e scommetto che sono già belli rossi. Mi volto e comincio a tirare su col naso, per farle credere che sto per starnutire. Ella si avvicina e mi posa dolcemente una mano sulla spalla. Retrocedo di un passo e, senza guardarla in faccia, solo con un cenno della mano, le indico che va tutto bene, e passerà. Una lacrima mi scende lungo la guancia. Tiro un gran sospiro poi, con passo deciso, torno alla parete e scrivo:

«Sarò io ad aiutare te».

Ella alza gli occhi al cielo ma io, battendo un pugno sul muro, continuo:

«Sarai tu a uscire».

«E?»

«Gli spiegherai che c'è stato un errore».

«Non mi crederanno».

«Non ho mai sparato un colpo qui».

Sento di essere vicino a convincerla. La prendo per il braccio e la guardo dritto negli occhi. Lei annuisce, poi scrive:

«Per riuscirci, ci serve una strategia».

«Tutto quello che vuoi».

«Tutto?»

«Tranne le armi. Non voglio più nemmeno toccarle, quelle macchine di morte».

Riecheggiano gli allarmi che avvisano dell'arrivo di una nuova tempesta. Dobbiamo muoverci.

Una volta fuori dalla caverna, mi basta un'occhiata verso il cielo per orientarmi. Ormai, con l'esperienza, so quali direzioni prendere. Conosco un'altra casa, poco lontano, in cui potremo continuare la nostra conversazione. Punto il dito in direzione dell'edificio. Lei approva, e l'istante dopo ci lanciamo di corsa lungo la costa a nord. Le irregolarità del terreno ci offrono un riparo naturale.

Giunti nei pressi di una capanna in rovina, sentiamo

il tintinnio di un forziere. Non ho neanche il tempo di suggerirlo, che Ella si trova già sul tetto e, piccone alla mano, apre un varco verso il nostro piccolo tesoro. In meno di dieci secondi l'ha forzato ed è ridiscesa con una nuova arma e delle munizioni. E uno strano sorriso sulle labbra. Mi porge un oggetto curioso. Accetto il regalo, non senza qualche piccola preoccupazione. Non riesco a capire se si tratti di uno scherzo, di una trappola o se l'aggeggio abbia una reale utilità.

Il «coso» è sintetico al cento per cento, ricoperto di foglie in plastica che assomigliano moltissimo a del fogliame vero. Ella mi fa cenno che posso indossarlo. Ma certo, è geniale! Quella che ha trovato è una mimetica, e non una qualsiasi, ma una «mimetica cespuglio». È evidente che, detta così, la situazione sfiora il ridicolo, ma sento che questo travestimento, una volta indossato, mi permetterà di fare miracoli. Lo infilo immediatamente. Mi piacerebbe avere uno specchio per vedere come sto, ma sento che mi va a pennello. Felice come una Pasqua, mi getto su Ella e la stringo fra le braccia per ringraziarla.

Provo a spostarmi, ed ecco una piccola delusione. Muoversi con quella carnevalata è un po' come correre con indosso una giacca a vento o una muta da sub: fa un rumore d'inferno. O almeno, così mi sembra lì per lì. Bah, vedremo più avanti… Comunque sia, imbustato in quel modo, sono pronto a sfidare la sorte. Chi non osa non vince! Provo a fare qualche passo, mi accovaccio sull'erba, Ella approva il risultato.

In quella posizione sono assolutamente invisibile. E ho un'ottima visuale sull'esterno. L'ideale, per me.

In lontananza risuona un'esplosione e l'istante dopo un proiettile ci fischia dietro le orecchie. Un cecchino ci ha scoperto. Ella mi fa segno di continuare verso la prossima casa, poi si lancia in cerca del nostro aggressore. Decisamente non è il momento di discutere, perciò eseguo senza fiatare e ognuno va per la sua strada.

Qualche minuto dopo arrivo in cima a una collinetta. Ci sono dei massi disposti in modo strano, lassù. Sembra di essere a Stonehenge. Al riparo dietro uno di essi, faccio rapidamente il punto della situazione. Poco lontano, più in basso, ci sono un fienile e la casa dove ci siamo dati appuntamento. Sono sufficientemente lontani dalla tempesta, e vicini tanto da poter essere raggiunti senza eccessivi rischi. Con l'esperienza ho capito che più passa il tempo, più la zona sicura si restringe. E i brutti incontri diventano inevitabili. Il sistema è di una perversità sconcertante.

Chiunque debba scegliere fra una casa in buono stato e un fienile in rovina, sceglierebbe di sicuro il posto più confortevole. È pura logica. Ragion per cui, senza esitare un istante, mi precipito verso la rimessa allo sfascio.

Lì, in attesa che Ella mi raggiunga, sarò ancora più al sicuro. Tutto procede come previsto... o quasi. In effetti sfuggo alla tempesta e non faccio brutti incontri. Se non che, una volta dentro, nella fretta non mi accorgo di un mucchietto di pneumatici identici a quelli del campo di addestramento sull'Isoletta. E prima ancora che abbia il tempo per una qualsiasi reazione, vengo scaraventato verso l'alto, neanche fossi saltato su un trampolino. Il rumore prodotto dal decollo è buffissimo; la situazione generale lo è molto meno. Sono andato a sbattere contro il soffitto del fienile e lì sono rimasto. Preso dal panico, tento di ricadere di sotto, per nascondermi velocemente dietro una cassa o qualcosa di simile. Quando mai! Ripiombo sugli pneumatici che all'istante mi rispediscono al punto di partenza. In più, a ogni movimento brusco, dalla mimetica si spande un nugolo di foglie sintetiche. Ho il morale a terra. Ma solo quello perché, per il resto, sono ancora appollaiato quassù. Mi viene in mente che potrei approfittare delle circostanze per riprendere un po' fiato. Ma ho ridotto il soffitto a un colabrodo, e il primo venuto a cui passasse per la testa di alzare lo sguardo vedrebbe niente meno che uno strano tipo mezzo incastrato nel tetto devastato di un fienile.

Questa volta ce la metto tutta per ricadere nel punto giusto. Troppo tardi! Sento un cigolio provenire dalla casa. Devo fare qualcosa, e subitissimo. Non posso restare piantato lì sulla porta come un palo. Lungo la parete di fondo del fienile c'è un cassone di legno, c'è spazio sufficiente per nascondersi dietro. Ma se a qualcuno venisse in mente di ispezionare il posto? Non avrei chance di passare inosservato, con il mio costumino da cespuglio. Non resta che mimetizzarsi in mezzo all'erba. Con un rumoraccio di fogliame di plastica, sgattaiolo fuori lungo il muro esterno sperando di raggiungere uno degli angoli del fabbricato, dove disporrei di una visuale più ampia.

Non faccio però in tempo ad arrivarci che sento già l'assito del fienile scricchiolare sotto gli stivali dello sconosciuto appena emerso dalla casa vicina. Scommetto che mi ha sentito. Si ferma. Anch'io, ovviamente, resto immobile. Purtroppo il punto in cui sono bloccato non offre altra visuale che non sia il retro del fienile. L'uomo esplode una prima raffica. Tre colpi in rapida successione. Poi tre più distanziati. I proiettili schizzano da ogni parte rimbalzando sul legno marcio, che vola in frantumi. Un'altra raffica, tre spari veloci. Poi ancora silenzio. Ma io quel messaggio lo riconoscerei fra mille, è il solo in codice Morse che conosca: SOS! Non può essere che Ella... Sì, lei, che si accerta che ci sia proprio io dietro a tutto quel baccano.

Mi arrischio e vado incontro allo sconosciuto. Rientro nel fienile, non vedo nessuno, mi giro per svignarmela ma tutt'a un tratto sento una presenza che mi fa sobbalzare. È Ella! Che di soppiatto mi si è incollata alle spalle. Vorrei poter urlare e prenderla a male parole! Lei invece è di ottimo umore, tutta contenta dello scherzo. Offesissimo, mi dirigo verso la casa facendo bella mostra di una certa stizza.

Una volta all'interno, mi prende un malessere. So che dobbiamo trovare insieme una strategia efficace per portare a compimento i nostri piani. Ma prima, sento di dovermi liberare da un peso. Prendo la bomboletta e abbozzo una specie di bambino sciocco che spara a delle lattine. «Sono io», indico a Ella. Poi, dietro i bersagli, aggiungo un gattino disteso su un fianco, morto.

Chino il capo per nascondere le lacrime. Spero che capisca. So che è ridicolo, in fondo non era che un animaletto senza importanza. Ma ho portato via una vita, e niente e nessuno potrà restituirla. Un incidente, ma un incidente da cui non si può tornare indietro. Quel giorno ho giurato a me stesso che non avrei mai più toccato armi in vita mia.

Alla fine risollevo la testa. I nostri sguardi si incrociano, mi accorgo che la mia storia l'ha colpita. Si avvicina e mi stringe fra le braccia. Non so dove tutta questa storia ci porterà, ma adesso so di avere una vera amica.

16

VIAGGIO AL CENTRO DELLA GUERRA

Marc Langelo irrompe nella sala regia di *Royal Supremacy* apostrofando uno degli impiegati.

«Sarà meglio per te che questa cosa non sia una sciocchezza!»

L'impiegato non ha il minimo sussulto. Non si prende neppure la briga di voltarsi per stabilire un contatto visivo mentre, col mouse, seleziona un momento preciso di una sequenza video. Marc, piantando con violenza le mani sulla scrivania, si china per guardare. E scopre l'interazione fra Ella e Paul. Dal viso non traspare nulla, dalla bocca non esce parola. Mantiene una calma olimpica fino alla fine del video, e questo lascia presagire il peggio.

«Ok, tienimi da parte la sequenza, nel caso in cui... Me ne occupo personalmente».

Poi lascia la stanza, ripetendo di continuo una frase enigmatica che nessuno coglie:

«Il pivello è un uccellino caduto dal nido».

Torna in ufficio e alza la cornetta. Dopo alcuni minuti di conversazione, conclude:

«Quindi mi confermi che, sotto il profilo legale, abbiamo le spalle coperte? Le firme sui vari documenti, le abbiamo... E la tesi 'non sapevo quello che stavo facendo', da sola, non reggerà. Tranne che in caso di infermità mentale o robe del genere, da stabilirsi previo perizia medica... Sì, sì, in altre parole, è impossibile che succeda. Il ragazzo uscirà alla fine della stagione insieme a tutti gli altri. Evitiamo qualsiasi clamore, è uno come gli altri, punto e basta».

Riappende, rasserenato in volto. Getta un'occhiata all'orologio, sbotta in un'imprecazione ed esce dalla stanza senza perdere un istante.

Nel frattempo, sulla Grande Isola...

Ella, dopo avermi consolato, decide che per preparare il piano di attacco è meglio spostarsi nella stanza accanto. Non sarebbe facile riuscire a concentrarsi accanto al mio «disegno confessione». Anche perché non bisogna tergiversare, il tempo stringe. Questa volta niente pulizie: siamo in una zona più circoscritta. Del resto sono già passati di qui e questo riduce di molto le possibilità di brutti incontri, soprattutto se evitiamo di attirare l'attenzione. I punti da sistemare per preparare la fuga sono ancora tanti.

Con l'aiuto di una serie di schizzi, Ella mi spiega la strategia che adotteremo. In sintesi, tutto sta nel capire con quale tipo di avversari si ha a che fare. Per affrontarli, disponiamo di armi a lungo, medio e corto raggio.

Un aggressore si avventa sulla preda? Basta tenerlo a distanza e frenare l'attacco grazie a costruzioni e muri, e nel frattempo indebolirlo poco alla volta.

Un cecchino difende la propria posizione? Bisogna restare al riparo, attendere il momento in cui ricarica e a quel punto attaccare frontalmente.

Muoversi in coppia in un universo in cui tutti pensano solo a se stessi costituisce un vantaggio enorme. In questo modo io posso fare il mulo, trasportare le pozioni, le medicazioni... ed Ella, libera da questo genere di accessori, ha più spazio nel proprio inventario per tenere a disposizione ogni sorta di armi, cosa che gli altri non possono fare. Quello che è il nostro punto di forza, però, è anche il nostro tallone d'Achille. Divisi, siamo molto vulnerabili. Perciò ci muoveremo a elastico, tipo bruco. Ella aprirà la strada fermandosi ogni dieci metri e, se la via è libera, io potrò raggiungerla. E così di seguito. Abbiamo inoltre concordato una serie di comandi in base a un codice molto rudimentale di segnali con le mani. Senza fare il minimo rumore, possiamo intimarci l'un l'altro azioni come «nascondersi», «avanzare», «non muoversi», o scambiarci informazioni come «pericolo», «tutto ok» o «ho bisogno di cure». Fra tutti questi segnali, quello che meno mi piace è «fai da esca»: nei momenti critici devo fungere da diversivo e dare ad Ella il tempo di riprendere il controllo della situazione. Un ultima cosa: affinché la strategia funzioni, dobbiamo mantenerci nelle immediate vicinanze della tempesta. In altre parole, tenercela sempre dietro le spalle, senza però dimenticare che, quando uno scontro ci obbliga a mantenere un po' troppo a lungo le posizioni, rischiamo di finire intrappolati e lasciarci le penne. La strategia perfetta non esiste ma direi che questa ci dà le chance migliori. Insomma, siamo pronti per conquistare il gradino più alto del podio.

Al momento di lasciare la casa, Ella mi afferra improvvisamente il braccio impedendomi di aprire la porta. In effetti sembra esserci agitazione là fuori. Io, quando sento scoppiare qualche tafferuglio, mi precipito d'istinto alla finestra per osservare. E così Ella ed io ci ritroviamo ad assistere a uno scontro a fuoco in piena regola fra un tipo nascosto dietro un albero e un «costruttore» che, per proteggersi, ha eretto un paio di recinti. Ho l'impressione di essere lo spettatore di un vero e proprio show. In meno di mezzo secondo, però, con una violenta manata sulle spalle, Ella mi ricorda fino a che punto mi sia scordato tutte le regole stabilite. Poi, con un fulmineo occhiolino, smorza la tensione che si è creata. Dopo di che ricorre al segnale che significa «Rimani nascosto fino a nuovo ordine!». Obbedisco subito. O meglio, obbedisco a metà. Perché è più forte di me, tanto che ci sarebbe da pensare che in una vita precedente sia stato un portinaio. Non riesco a fare a meno di alzare la testa e spiare al di là della finestra i due che combattono. Il mio è un bisogno irrazionale di assistere a qualsiasi avvenimento «spettacolare», anche se non proprio nel senso più nobile del termine.

Ella è uscita dalla porta sul retro ed è salita in cima alla casa. Il rumore dei passi sul tetto tradisce la sua posizione, ma dubito che i nostri due antagonisti possano sentire nulla. Sotto i colpi assordanti di uno di loro, un albero mi è appena crollato davanti agli occhi, costringendo l'altro a trovare un nuovo riparo. Oh, no! In preda al panico, si sta precipitando verso il nostro nascondiglio. No! No! No! Non posso lasciarlo entrare. Non posso correre questo rischio.

Mi è venuta un'idea! Colpo di genio o monumentale idiozia, lo scopriremo solo vivendo. O morendo. Ma insomma, la miglior difesa resta l'attacco, e allora mi lancio verso la porta e la spalanco. L'idea è quella di sorprendere l'uomo in fuga. E va proprio così. Alla mia vista trasale dallo spavento, poi si volatilizza all'istante sotto il tiro incrociato di Ella e del suo avversario.

In quel momento, non so perché, mi sento attraversare

da un violento brivido. Come se fossi rimasto esposto a un forte spiffero. Ma intuisco che i fenomeni climatici non c'entrano per niente. L'istante dopo, come uscito dal nulla, alle spalle dell'avversario in ritirata appare l'uomo in nero. Distratti dal combattimento, non l'abbiamo né visto né sentito arrivare. Prima o poi finirò per credere che sia veramente un Angelo della Morte.

Come c'è arrivato qui? Sembra che abbia un sesto senso che gli permette di fiutare la paura intorno a lui. Scommetto che è in grado di sentire il sudore a chilometri di distanza, come gli squali con una goccia di sangue. A questo punto non rimangono più dubbi sul fatto che questo avvoltoio, in pochi istanti, farà piazza pulita in questa zona della mappa, noi tre inclusi. Armato di un fucile a pompa, spara un primo colpo all'avversario a lui più vicino. Non ha però il tempo di finirlo, perché Ella gli sta già svuotando addosso il caricatore di una mitragliatrice.

Tutto accade talmente in fretta che non mi viene neppure in mente di tornare al riparo. L'Angelo della Morte, per togliere di mezzo con calma la prima vittima, alza due recinti di metallo fra noi e lui. Sa che la protezione è abbastanza solida da dissuadere Ella dallo sprecare munizioni. E prevede che nel tempo che lei impiegherebbe per farsi sotto, lui si sarà già sbarazzato dell'altro concorrente e potrà accoglierla con tutti gli

onori. Sento una trappola scattare e deduco che ormai siamo rimasti in tre: l'Angelo della Morte, Ella ed io. Il furore dello scontro si placa con la stessa velocità con cui è esploso, e lascia spazio a un silenzio di morte. Non vedo più la mia protettrice. Suppongo che si sia trincerata dietro una torre costruita in cima alla casa. La sua priorità è fare di tutto per evitare che si avvicini a noi. Lui, nel frattempo, starà riprendendo le forze.

Questa calma apparente mi permette di accorgermi che sono ancora lì fuori, allo scoperto. Rientro immediatamente per mettermi al riparo. Senza riflettere mi sbatto la porta alle spalle, poi proseguo nel mio slancio fino alla finestra e una volta lì appiccico il naso al vetro per seguire il tremendo combattimento che si annuncia. Attirata dal rumore, la nostra Nemesi esce dal suo riparo per dare un'occhiata. In quel momento esplode la più assordante detonazione che sia possibile sentire sulle due isole. È quella del più potente fucile di precisione, un'arma capace di far saltare in aria, con un colpo solo, muri di legno o di pietra. Potrebbe abbattere un dinosauro con un solo centro. Gravemente ferito, l'Angelo della Morte indietreggia. Ella ne approfitta per incalzarlo e gli scodella addosso raffiche su raffiche. Nell'istante in cui cessa il cannoneggiamento, si sente il rumore di una piattaforma di lancio. Il nemico ha preferito battere in ritirata. Conosce Ella e sa che è troppo rischioso affrontarla nel suo stato. E il cecchino si trova nei pressi del centro della tempesta. Perciò l'Angelo ha deciso di trovare riparo da qualche parte, per rimettersi in forze e vendicarsi di chi gli ha sparato alle spalle. A quel punto sarà in grado di occuparsi di noi.

Ci metto qualche decina di secondi, ma alla fine riesco a rilassare le spalle. Come quando vado dal dentista, per la tensione provocata dallo stress ho contratto tutti i muscoli del corpo senza nemmeno accorgermene. Appena il tempo di sentire che mi sto rilassando un pochino, però, e balzo di nuovo per aria: è Ella che rientra dalla porta sul retro, col sorriso sulle labbra. Mi fa un piccolo cenno per domandare se va tutto bene, se sono ferito. Mi alzo, la raggiungo e, per dimostrarle di essere scampato senza il minimo graffio, azzardo una piccola piroetta su me stesso. Ma le gambe non mi reggono e per poco non finisco a terra. Lei mi sorride, dopodiché fa un rapido giro delle finestre per sorvegliare i dintorni. Una volta certa di essere al sicuro, ispeziona e ricarica una per una le sue armi. La tempesta si sta avvicinando, e se vogliamo che il piano proceda come previsto, dobbiamo assolutamente sincronizzarci con i suoi ritmi. Prima di abbandonare la casa, Ella si gira verso di me e mi rivolge un cenno della mano. Non l'abbiamo preparato ma riconosco all'istante il significato. «Alla grande!»

17

CADERE DALL'ALTO

Non esistono combattimenti facili da queste parti, solo vittorie o sconfitte. O tieni duro, o molli il colpo e ricominci daccapo. Noi, come Bonnie e Clyde, siamo determinati ad andare fino in fondo, qualsiasi cosa accada. E non c'è dubbio che la strada lungo la quale ci siamo incamminati è quella della vittoria. Costretti a fuggire dall'implacabile tempesta, abbandoniamo la casa e ci mettiamo in marcia come concordato: uno dopo l'altro, simili a un bruco che avanza inarrestabile. Ognuno rispetta il proprio ruolo: lei, l'esploratrice in avanscoperta che stana i nemici e, se necessario, fa piazza pulita; io, l'anima in pena che, sgominato il pericolo, raggiunge la propria paladina. Sono stregato dall'intelligenza e dall'efficienza di cui dà prova nei suoi spostamenti: valuta la geografia del terreno, sfrutta a proprio vantaggio le barriere naturali, non smette mai di saltare e di cambiare direzione per confondere eventuali cecchini in agguato.

Improvvisamente individua un nemico. All'istante costruisce una piccola rampa orientata verso la minaccia e la chiude fra tre muri: davanti, a sinistra e a destra.

L'idea è quella di ricavarsi una posizione un po' elevata, pur mantenendosi il più possibile al riparo. Una semplice presa di contatto, per osservare la reazione dell'avversario. È Ella ad esplodere il primo colpo. Qualche secondo dopo risuona la risposta. Ella non abbandona il suo minifortino né lo ingrandisce; accovacciata, si limita a piccoli spostamenti laterali durante i quali si alza, spara e si riabbassa al sicuro; a intervalli regolari, dedica qualche secondo per ricaricare.

Ho l'impressione di osservare una coreografia. Lo spettacolo, purtroppo, è rovinato da una raffica che mi arriva dritto dalla destra. Uno degli spari mi colpisce piuttosto seriamente. Alla bell'e meglio costruisco un muro fra me e il cecchino. La sparatoria, intanto, non è sfuggita a Ella. La sua priorità sono io, e lei retrocederà il più veloce possibile.

Tento di allontanarmi come posso dall'assalitore. Ella arriva, la sento costruire. Ovunque giri gli occhi, vedo solo assi di legno. Alla fine il muro cede sotto i colpi del mio aggressore che si getta su di me, armi alla mano. Nello stesso istante, spunta Ella da sopra una rampa e si lancia su di lui. Ancora a mezz'aria, ripone il fucile automatico, sfodera quello a pompa e, prima ancora di toccare terra, lo scarica sul nemico. Tutt'attorno, appaiono pozioni scudo, kit medici e un intero arsenale.

Con mia grande sorpresa, invece di fare shopping fra

quel bendidio lì per terra, fa dietrofront e accorre verso di me. Provo a ringraziarla con un cenno della mano, ma mi ritrovo rinchiuso fra muri e al riparo sotto un tetto. Nel momento stesso in cui compaiono queste nuove costruzioni, rimbombano degli spari. È il primo assalitore di Ella che si è gettato sulle sue tracce costringendola al combattimento. Ella mi ha salvato la pelle due volte in meno di trenta secondi, proteggendomi sistematicamente a rischio della propria vita. Fuori, più nessun rumore. Si materializza una porta in uno dei muri. Si apre. È Ella, che entra e se la chiude alle spalle.

È molto tesa, ancora in balia dell'adrenalina degli scontri. E questa volta è gravemente ferita, non c'è dubbio. Spacchetto i miei stock di bende e glieli porgo. Mi ringrazia e si medica in fretta e furia. Uno accanto all'altro, riprendiamo le forze. Prima di rimetterci in cammino, con un cenno del capo Ella si informa sul mio stato di salute. Alzo entrambi i pollici e le faccio l'occhiolino in maniera anche troppo plateale. Cerco di convincerla che è tutto sotto controllo, che sono sereno. Ma è esattamente l'opposto.

Con le solite precauzioni, Ella scoperchia la scatola in cui ci troviamo, fa il primo passo ed eccoci di nuovo in cammino. Di passaggio, raccolgo quanti più oggetti mi è possibile fra quelli lasciati dal nostro precedente nemico. Ella si è già occupata di raccogliere le munizioni.

Di norma avanziamo per tratti lunghi mediamente una decina di metri, assecondando la morfologia del terreno. Ora però è sorto un ostacolo. Siamo giunti ai bordi di una landa troppo aperta perché sia possibile affrontarla insieme. Ella mi fa segno di rimanere nascosto finché non avrà raggiunto un ammasso di rocce tutt'altro che vicino. Nessun problema, mi rannicchio e costruisco una piccola struttura in pietra che ricorda un po' una tettoia o un gigantesco cappello. Là sotto, sono in una botte di ferro. Ella approva la mia scelta e, saltellando come un coniglietto, si lancia per coprire la distanza che la separa dall'obiettivo, gettando sistematicamente sguardi in ogni direzione, per evitare qualsiasi sorpresa.

Mentre la vedo allontanarsi, scorgo in mezzo alla prateria un cespuglio avanzare dalla destra. A quanto pare, non sono il solo ad amare la fantasia mimetica. Il cespuglio, all'oscuro della mia presenza, ricalca il percorso di Ella. Non può essere casuale. Deve averla vista, probabilmente intende aspettare che si fermi per centrarla con un fucile di precisione o qualcosa del genere.

Per il momento non ho modo di avvertirla. I miei occhi si spostano dall'uno all'altra come palline da ping-pong. Alla fine la mia socia arriva in prossimità dell'ammasso di pietre. Il cespuglio è dietro di lei, distante circa trenta di metri. La partita può chiudersi in meno di un secondo. Mi avventuro fuori dal riparo e faccio il segnale di pericolo. Lei, quando si volta, non è me che guarda, ma il cespuglio. All'istante si accovaccia e sfodera un fucile da caccia. L'aria riecheggia di un colpo secco come una frustata. Il cespuglio svanisce e al suo posto compare un gran mucchio di materiali, pozioni, bendaggi, oggetti e armi. Non ho mai visto un arsenale simile a quello, disseminato sull'erba. Da dove mi trovo, si direbbe che è scoppiata una rissa in un mercatino delle pulci.

Con un cenno ci diamo appuntamento davanti al bottino e, simili ad avvoltoi, ci avventiamo sulle spoglie della nostra preda. Ella non perde tempo e in due secondi costruisce un nuovo riparo, così possiamo dedicarci tranquillamente alla spartizione degli oggetti. Il malloppo è così consistente che non possiamo raccoglierlo tutto e siamo costretti a prendere solo lo stretto necessario. Ma mentre sono lì, indeciso fra un kit di pronto soccorso e delle pozioni scudo, Ella fa segno di non muovermi.

Ha l'aria preoccupata e in un attimo capisco il perché. Tradito da un rumore di deltaplano, sta avvicinandosi dal cielo un nemico, ed è lanciato dritto su di noi. Ella apre un varco nel tetto e immediatamente lo richiude. L'operazione è durata meno di un secondo ma è stato più che sufficiente per riconoscere la figura dell'Angelo della Morte. Ahi... Siamo in una cattiva posizione. Una PESSIMA posizione. Non ho il tempo di voltarmi che la mia compagna è già scomparsa lasciandosi dietro, come unica traccia, una piccola apertura sul retro del rifugio. Esito a uscire a mia volta. Rischio di essere più un fardello che un aiuto. Intorno a me esplodono i primi colpi, subito seguiti da rumori di costruzioni. Inizia un concerto per mitragliatrici con accompagnamento di assordanti esplosioni di fucili a pompa. Poi, tutt'a un tratto, un rumore sordo mette fine alla bizzarra sinfonia. È il crollo di una massiccia costruzione, e deve aver provocato la caduta violenta di colui o colei che si trovava in cima.

Non posso più rimanere lì dentro. Se Ella è a terra, devo portarle a ogni costo il necessario per curarsi. Mi intrufolo nel varco aperto nel muro e fuori scorgo costruzioni di ogni tipo, tutte crivellate di colpi. Giro attorno al rifugio ed eccomi lì, faccia a faccia con l'Angelo della Morte. Accovacciato sotto una rampa in pietra, sta tracannando una pozione blu. Mi vede e smette subito di bere, per sfoderare il fucile a pompa. Faccio rovinosamente dietrofront. La prima sventagliata di piombo mi devasta la schiena. La seconda danneggia gravemente il rifugio. Lo choc è violento ma l'istinto di sopravvivenza mi costringe a rimettermi al riparo. Agisco senza bisogno di riflettere. Una volta dentro, mi affretto a riempire l'apertura da dove sono entrato. So che non mi lascerà farla franca.

Sono lì a giocare al fai da te della domenica, quando sento un rumore di passi accompagnato da quello di un'arma che viene ricaricata. Nel giro di pochi secondi, su di me si scatenerà l'inferno. Senza esitare costruisco una nuova tettoia e mi infilo sotto. Di sicuro non mi salverà la vita, ma ritarderà l'assalto abbastanza da lasciare a Ella il tempo di intervenire.

Sta attaccando il rifugio a colpi di piccone! Cade il primo muro. Ma Ella che sta facendo? Stranamente, invece di demolire tutto, l'Angelo della Morte rimpiazza il mio muro con un altro. Subito dopo, uno strepito di congegni e parti metalliche spazza via ogni dubbio. È una trappola, sistemata sulla parete appena costruita. Senza la protezione della tettoia, ora sarei già uno spiedino su lance di ferro.

La tregua è di breve durata. Il piccone sta mordendo un secondo muro. L'Angelo deve aver capito che la sua trappola non ha funzionato e, immaginando un difetto di fabbricazione o qualcosa del genere, vorrà disporne una nuova. Questa volta, purtroppo, verificherà di sicuro dall'altro lato. In un attimo comprenderà la situazione. E io non avrò più via di scampo…

Anche il secondo muro crolla. L'Angelo, come previsto, si accorge dello stratagemma, e giù picconate sulla tettoia. Mi resta sì e no un secondo prima che il riparo crolli e scatti la trappola… BUUUM! Compare Ella dietro l'Angelo e gli assesta un primo colpo in piena testa. Il mostro, impegnato nel regolamento di conti con me, non si era accorto di nulla. BUUUM! Esplode il secondo colpo. La raffica di piombo finisce in un muro che l'Angelo della Morte si è costruito in fretta e furia per proteggersi. Ella, accanita, scarica il caricatore della mitragliatrice contro il riparo, mentre l'uomo in nero si arrabatta per rattopparlo e salvarsi la pelle. Poi, approfittando del momento in cui Ella ricarica le due armi, apre un varco nel muro opposto e scappa riuscendo a richiudere il buco, proprio mentre lei sta penetrando nel mio rifugio.

Orrore! Al suo passaggio, con raggelante rumore metallico, scatta la trappola. Ella riesce a evitarla per un soffio. È ferita gravemente ma ancora in piedi e folle di rabbia, tanto che per sradicare il pericolo svuota sulla parete un nuovo caricatore. Fatto questo, inizia la costruzione di un ennesimo riparo. Ne approfitto per uscire dal mio nascondiglio e raggiungerla. Eccoci di nuovo riuniti in una scatoletta. Questa volta, però, è di metallo, molto più resistente di tutte quelle costruite finora.

Mentre stiamo curando alla meglio le ferite, i nostri sguardi si incrociano. Sappiamo che il mostro è ancora lì, a pochi metri da noi, anche lui intento a medicarsi e, purtroppo, contento della tregua che gli stiamo concedendo e che gli permette di elaborare una strategia. Il problema che gli poniamo e che deve trovare il modo di risolvere è semplice: siamo due contro uno. Prima Ella torna a combattere, e maggiori sono le nostre chance di liberarsi di lui. Mi abbraccia, poi crea una porta nel rifugio e riparte all'attacco, facendomi segno di rimanere nascosto. La guardo rinchiudermi dentro con una piccola stretta al cuore. Forse dovrei rompere il giuramento di non toccare mai più armi. Forse, con una pistola in mano, sarei in grado di cambiare il corso del mio destino?

Ecco che si ricomincia. Di nuovo il rumore insopportabile degli spari di armi automatiche... E le costruzioni... Le esplosioni... Sento la rabbia crescere dentro di me mentre quel frastuono, in pochi secondi, è già diventato un vero e proprio supplizio. In quel momento distinguo il rumore di una piattaforma di lancio, quello strano arnese capace di proiettarti abbastanza in alto da riaprire il deltaplano. Per quanto ne so, Ella non ne possiede. Quindi non può che appartenere all'Angelo della Morte. È un vantaggio indiscutibile e devo toglierglielo, così da destabilizzare il nemico e azzoppare la sua strategia di attacco. E così, per l'ennesima volta, esco da un nascondiglio. Scopro due nuove torri, ognuna costruita da un avversario; il trampolino high-tech si trova alla base di una di loro. È una posizione geniale! In questo modo il guerriero può cadere da molto in alto senza farsi male e subito risalire. E l'avversario, convinto di averlo visto scendere, lo cercherà in basso finendo col farsi sorprendere dall'alto.

Corro verso il marchingegno. Ma...?! È sbucato fuori un terzo combattente e si sta gettando in mezzo allo scontro! Costruisce una rampa fra le due torri, è proprio

sopra la mia testa. Non so assolutamente chi sia, ma riconosco che sta dimostrando fegato da vendere. Barricati in cima alle rispettive fortificazioni, Ella e l'Angelo della Morte smettono di spararsi addosso per concentrarsi sul nuovo arrivato. Che sfodera un bazooka e comincia a scodellare razzi prima a destra poi a manca, così a bruciapelo da rischiare di subire danni collaterali. È un diluvio di esplosioni: le costruzioni minacciano di crollare.

Ella, dopo aver studiato il ritmo del nuovo assalitore, balza fuori dalla barricata nel momento esatto in cui questo prende di mira l'Angelo della Morte. E quando lui si gira per bombardarla, lei è già fuori, abbastanza vicino da costruire un muro fra loro. Lui, senza capire bene cosa stia succedendo, spara lo stesso. Il razzo esplode contro la barriera e in un attimo il nostro uomo scompare in una nuvola di fumo, mentre tutto l'equipaggiamento precipita giù per scale, muri e rampe ancora in piedi.

Il bazooka finisce la sua corsa ai miei piedi. Ho appena il tempo di lanciargli un'occhiata che subito torno spettatore di un nuovo scontro: l'Angelo della Morte ha approfittato dell'attacco di Ella contro il nemico comune per rafforzare la propria posizione, e sta già scaricandole addosso tutto quanto il suo arsenale offre di più distruttivo. Sa che ormai rimaniamo solo noi tre, e che io non rappresento una minaccia. Ella non resisterà per molto, ne sono certo.

Colta di sorpresa, non può rispondere al fuoco e deve concentrare ogni energia per rinforzare il suo fortino. Intanto la nostra nemesi aumenta la pressione e, fra una raffica e l'altra, costruisce una passerella fra le due torri. Man mano si sta avvicinando a Ella. Fra pochi secondi l'avrà raggiunta e la fine sarà inevitabile. A quel punto tiro un profondo respiro e, con la precisione e la rapidità di un tiratore scelto, raccolgo il bazooka, inquadro nel mirino l'Angelo della Morte e premo il grilletto. Il razzo schizza via ed esplode contro la passerella, mentre il mio dito resta contratto sul grilletto e il mio sguardo fisso su Ella. Sento armarsi un nuovo colpo del bazooka. NO! Preso dal panico, abbasso l'arma e, prima di avere il tempo di realizzare qualsiasi cosa, scatta il fuoco automatico e parte un nuovo proiettile, che fa esplodere l'intera struttura e precipitare nel vuoto Ella e l'Angelo della Morte.

In diretta, sul palcoscenico di *Royal Supremacy*, il presentatore è al settimo cielo:

«È pazzesco! Mostruoso! Assolutamente in-cre-di-bi-le! Mai vista una cosa del genere dall'inizio del programma! Avete ancora qualche minuto per votare e guadagnarvi la possibilità di partecipare a *Royal Supremacy*! Ora, spazio a una breve pausa pubblicitaria, e noi ci ritroviamo subito dopo in sala partecipanti, per conoscere la decisione del nostro vincitore della serata!»

18

L'USCITA È PER DI QUI!

«Siete pronti?»

Il pubblico intona all'unisono:

«Sìììììì!»

«Non vi ho sentito… SIETE PRONTI?»

«SÌÌÌÌÌÌ!»

Il presentatore di *Royal Supremacy* sa che il programma, durante il combattimento finale, ha raggiunto il picco di audience. È il momento ideale per lanciare la pubblicità, e il megaschermo che sovrasta il palcoscenico la riversa prontamente sui presenti: un fabbricante di occhiali magnifica la sua ultima collezione di lenti, numero uno nella correzione dei difetti della vista; una catena di negozi di bricolage è al primo posto per qualità dei materiali da costruzione; una marca di merendine diventa il premio tanto atteso dai bambini, che hanno dato il massimo per tutta la giornata…

Nello stadio l'audio è azzerato, così che il presentatore possa mantenere l'eccitazione del pubblico ai massimi livelli. Il ritorno alla diretta deve sembrare una gigantesca festa: davanti a televisori, pc, tablet e smartphone, tutti i telespettatori devono smaniare e partecipare. Intanto, nell'auricolare del maestro di cerimonie il conto alla rovescia è già partito. Mancano dieci secondi, è il momento di galvanizzare il pubblico.

«Fatevi SENTIRE!»

Avanza verso il pubblico e, con la mano incollata all'orecchio, ripete:

«Non vi ho sentito... FATEVI SENTIRE!»

Di nuovo in onda, il presentatore riprende il suo *one-man show*, facendo sempre attenzione a occupare l'intero palcoscenico. Vuole essere sicuro di poter incitare tutto lo stadio.

«*ROYAL*?»

«*SUPREMACY*!»

Alla quinta volta applaude il pubblico.

«Siete formidabili!»

A quel punto corre incontro a una telecamera, le fa l'occhiolino e, rivolto direttamente all'obiettivo:

«Anche voi siete fantastici! Vi sento urlare e applaudire fin qui. Mi fa impazzire! Che serata incredibile! Ora è il momento di collegarci con la sala partecipanti e conoscere finalmente la decisione del nostro vincitore della serata».

All'improvviso, dall'auricolare, qualcuno gli rivolge qualche parola. Per un attimo rimane sconcertato, poi riprende:

«Ma prima, vi propongo di rivedere ancora una volta l'esito di questo combattimento da manuale».

Il megaschermo trasmette un montaggio convulso dello scontro titanico che ha visto Ella e Paul opposti all'Angelo della Morte. Sul sottofondo di una musica scatenata, il filmato trabocca di sequenze al rallentatore, loop e mille altri effetti… Il pubblico, stregato dalle immagini, acclama ogni esplosione ed esplode di gioia a ogni colpo andato a segno.

Il presentatore, invece, è scivolato dietro le quinte, dove raggiunge Marc, creatore e produttore del gioco. La conversazione, soffocata dal vociare di sottofondo, sembra animata, persino tesa.

…

Poco prima, nell'immensa sala controllo del centro medico, una squadra di tecnici e medici è in pieno fermento. Sorvegliano i partecipanti e si accertano che ogni operazione si svolga a dovere. A un certo punto, uno dei responsabili, con gli occhi incollati sul computer, ha un sussulto. Sul suo apparecchio è appena saltata fuori una finestra, accompagnata da un «plonk» particolarmente rumoroso. Irritato, commenta:

«Hey, ragazzi! Fate attenzione quando smanettate col volume del compu…»

Poi, per riaffermare la propria autorità, tace per qualche istante. Infine, con un tono più disteso, continua:

«Va bene, finalmente abbiamo il nostro vincitore del giorno. Per cortesia, preparate il soggetto 45 per un'uscita imminente».

Appena il tempo di finire la frase, che tutte le luci della sala cominciano a lampeggiare in modo strano.

«Che succede?»

All'altro capo della sala, qualcuno prende la parola:

«Sono entrati in funzione gli inverter e i gruppi elettrogeni. È evidente che abbiamo un problema di alimentazione».

La sala piomba nel panico: schermo dopo schermo, compaiono ovunque messaggi di errore. Da varie postazioni di controllo, gli operatori fanno rapporto a voce alta sulle novità. Che, a quanto pare, non sono per nulla allegre:

«Impossibile stabilizzare il liquido! Abbiamo dei forti cali di tensione».

«Idem per il sistema informatico, la rete è diventata molto instabile!»

«Ragazzi, il gioco si è piantato! Il sistema sta cercando in ogni modo di riavviarsi. Non dev'essere un bello spettacolo là dentro!»

Incollato al telefono, il responsabile è in linea con la sala regia del programma, dove si occupano del flusso video trasmesso alle televisioni.

«Qui siamo in pieno crash! Non sono riuscito ad avvisare Marc. Se riesci a raggiungerlo, digli che siamo nella cacca fino al collo. Si è piantato tutto. Al momento non siamo in grado di garantire l'uscita del partecipante. Devo lasciarti. Ti tengo al corrente!»

Il direttore della regia riappende a sua volta. Anche qui, nella grande sala dove su centinaia di schermi convergono le immagini provenienti da *Royal Supremacy*, la tensione è palpabile. Il direttore riflette un istante, poi si rivolge alla squadra:

«Ok, ragazzi, ascoltatemi bene! Per il momento non possiamo contare sul centro medico. Hanno dei gravi problemi tecnici. Questo significa che, fino a nuovo ordine, non può esserci l'uscita del vincitore. Teniamo pronti i montaggi di emergenza, i profili dei giocatori, i *best of*, qualsiasi cosa Marc decida di mandare in onda… Voglio tutto a disposizione in meno di un secondo! Chiaro per tutti?»

Non fa tempo a terminare la frase che gli squilla il telefono. È Marc, che ha ricevuto sullo smartphone i segnali automatici d'allarme del centro medico, insieme a una buona decina di messaggi vari: sta cercando spiegazioni ma non trova nessuno al proprio posto. Fuori di sé, non fa altro che gridare. Il direttore tenta di calmarlo:

«Marc! Ascoltami, Marc! Ho parlato col centro pochi minuti fa. Per il momento non possono far uscire nessuno. Brancolano nel buio, e non è possibile sapere quanto ci metteranno a riprendere in mano la situazione. C'è stato un crash nel sistema. Stanno cercando di riavviare i server ma nessuno sa ancora quali saranno le conseguenze per i giocatori».

Malgrado la voce profonda e potente del direttore, alcune delle urla di Marc riescono a fuoriuscire dal telefono e rimbombano nella stanza. L'interlocutore, fortunatamente per lui, ha avuto il buon senso di tenere l'apparecchio lontano dall'orecchio.

«Marc! Diamine, ascoltami! Qui abbiamo tutto pronto: le bio, i *best of*, i riassunti. In totale, però, sono meno di dieci minuti di diretta, praticamente nulla».

Ancora qualche strillo, poi la conversazione finisce. Il direttore della regia riaggancia.

•••

Mi trovo sulla Grande Isola. E non in un posto sconosciuto. Sono sul picco roccioso, quello con la casa isolata e il camioncino dei gelati. Insieme a me ci sono tutti gli altri partecipanti e, stranamente, abbiamo recuperato l'uso della parola! Tutti sono sconcertati dalla situazione. Non ci capisco un'acca, e a quanto pare non sono il solo. Cos'è successo? L'ultimo ricordo che ho, risale al famoso combattimento. Poi un lampo enorme, e dopo... Mi sono ritrovato direttamente qui, circondato da tutte queste persone. Incredibile! Do un'occhiata veloce ai dintorni ma non vedo armi, nemmeno l'ombra di un piccone. Nessuno può più aggredire nessuno né distruggere nulla. E c'è dell'altro. Il forte campo magnetico che impediva di evadere dalle due isole è ora ristretto a questo fazzoletto di terra. Ah ah ah! Eccoci qui, tutti bloccati. Ma, almeno, dovrei poter ritrovare velocemente Ella.

Sono felicissimo che siano cessati gli scontri, ma ancora di più della cacofonia di voci che mi circonda. Tutti si stanno interpellando l'un l'altro. Ognuno dice la sua sulla situazione.

«Che succede?»

«È finito il gioco?»

«Stiamo tutti per uscire?»

Aggirandomi fra la folla, noto che tutto questo domandare frenetico lascia ben presto il posto a conversazioni normali, cordiali. I giocatori stanno cominciando a fare amicizia, a interessarsi gli uni degli altri. È magico.

In quel momento sentiamo una musica. Sembra uscire dal nulla. Alcuni cominciano spontaneamente a ballare. Intanto, più avanzo in mezzo alla folla, e più quel che scopro mi lascia senza parole. I distributori sistemati intorno alla casa dispensano bevande a volontà. E gli amanti del gelato, assiepati davanti al camioncino, possono finalmente togliersi ogni sfizio. Insomma, l'intero luogo sembra essersi trasformato in una grande festa, con un centinaio di persone che discutono, scherzano e si abbandonano a insolite coreografie.

Sono felice. Provo una gioia immensa nel rivolgere dei «pardon», «mi scusi», «con permesso». Ogni minima parola mi esca dalla bocca, lascia una specie di dolce retrogusto. Che felicità poter comunicare! E quanto mi piacerebbe poter condividere tutto questo con Ella.

«Paul?»

Trasalgo, poi mi giro, e la vedo. È lì davanti, a meno di un metro da me. Le sue mani reggono ciascuna un cono gelato. In preda alla gioia spicco un balzo verso di lei e mi lascio sfuggire un grido tanto potente quanto imbarazzante. Rosso per la vergogna, non oso più incrociare lo sguardo col suo. Poi, per cercare di riprendere il controllo, mi concentro sui coni che stringe nelle mani. A prima vista direi: fragola a destra, cioccolato a sinistra. Ella mi tende la mano destra.

«Ti ho preso un cono. Sono sicura che sei un ragazzo a cui piace la fragola!»

Sbagliato! Il mio gusto preferito è il cioccolato ma, per lei, sono pronto a diventare senza esitazione un «ragazzo fragola».

«Come hai fatto a indovinare? E tu? Scommetto che sei una 'ragazza cioccolato'!»

«Beccata! Ci conosciamo pochissimo ma sono sicura che potremmo andare assolutamente d'accordo…»

«Yeap!»

E così eccoci lì, a festeggiare l'essersi ritrovati, tutti e due senza parlare, felici di gustarci i nostri gelati.

Da vero idiota, mi sento obbligato a rompere il silenzio:

«È incredibile quel che sta succedendo».

«Mmh, sì, assolutamente inaspettato. Approfittiamone. Prima che le cose tornino come prima. Vieni con me…»

Mi afferra la mano e mi porta fino al pontile in legno che domina lo strapiombo. Ci sediamo fianco a fianco con i piedi penzoloni nel vuoto e, come per un tacito accordo, cominciamo a dondolarli, quasi pedalassimo. Davanti a noi si stende la Grande Isola, un paesaggio che ci sembra più bello che mai.

«In fondo questo posto è magnifico, non è vero?»

«Paul… Grazie. Grazie per tutto quel che hai fatto poco fa per me. Non eri obbligato a raccogliere quell'arma per aiutarmi. Ma l'hai fatto lo stesso. Non riesco a immaginare quanto ti sia costato rinunciare ai tuoi principi. E tu non immagini quanto questo mi abbia colpito…»

Vorrei poter rispondere ma non riesco. Sento la gola stretta in un nodo. Mi sforzo in tutti i modi di trattenere le lacrime. Inspiro a fondo un paio di volte, non è facile, poi mi lancio. Con una voce un po' mugolante, confesso:

«L'ho fatto senza riflettere. L'idea che potessero farti del male… Ecco… Non so… Tutto qui».

Per tutta risposta mi prende una mano fra le sue e mi posa delicatamente la testa sulla spalla. Ho l'impressione che il cuore stia per esplodermi. Non so quanto questo momento durerà. Non so nemmeno se è reale. L'unica cosa che so con certezza, è che in tutta la mia vita non sono mai stato tanto felice come in questo istante. A mia volta, dolcemente le appoggio il capo sul suo.

Quanto tempo saremo rimasti così? Non saprei dirlo… Avrei potuto restare lì accanto a lei per tutta la vita…

La fantasia ha cominciato a vagare… i viaggi che potremo fare insieme, i film e le serie che potremo divorare l'uno accanto all'altro.

Immagini felici mi si confondono nella mente, fino a provocare una vertigine che mi strappa bruscamente al mio fantasticare. Trasalisco, e cerco alla meglio di riprendermi. In quel momento sento uno strano brusio. Alzo la testa e scorgo un piccolo drone che volteggia sopra di noi. Alla fine, stabilizzatosi in verticale, emette un raggio di luce verso di me. Il raggio è sempre più intenso e, nel giro di poco, mi ingloba tutto il corpo. A quel punto, in una luce abbagliante, sento che sto partendo. Sento che sto scomparendo.

Un istante dopo non riesco più a muovermi né a parlare. Con lo sguardo osservo ciò che mi circonda. Sembrerebbe proprio che mi trovi dentro una specie di scafandro. D'un tratto mi si illumina davanti agli occhi uno schermo, con un messaggio che vi scorre in loop. Decifrarlo mi sembra la cosa più difficile del mondo. Ho un po' di nausea, mi prude il naso e sento dei pizzicori che mi attraversano il viso. E sì che il testo, che continua imperterrito a scorrere sempre uguale, è piuttosto semplice:

«COMPLIMENTI! SEI IL GRANDE VINCITORE
DI *ROYAL SUPREMACY*!»

All'inizio stento a crederci, poi, a poco a poco, comincio ad afferrare il senso di quella comunicazione. Ci siamo! Posso uscire di qui! Finalmente il mio calvario è finito. A quel punto compare un nuovo messaggio che mi propone due possibilità: tornare sull'Isoletta o uscire definitivamente. Scegliere è semplice: una strizzata d'occhio, si resta; due strizzate, si esce.

Libertà, sei mia! Mi basta strizzare due volte, ci siamo… poi ci ripenso. Cosa mi aspetta fuori? Che voglio combinare? Diventare una stella del cinema? All'improvviso tutti questi interrogativi mi sembrano

più che mai secondari. Ormai è Ella a occupare ogni mio pensiero. Rivedo scorrere tutte le nostre avventure. Ripenso alla sua testa sulla mia spalla, dolcemente posata come una farfalla. In futuro avrò tutto il tempo che vorrò, per diventare un attore. Adesso il mio posto è accanto a lei e da nessun'altra parte. Resto dentro!

Chiudo le palpebre più forte che posso, voglio essere certo di esprimere chiaramente la mia scelta. Delle vampate di calore mi travolgono. Certo che con tutto questo contrarre i muscoli del viso, e questo coso che mi prude nel naso... Sento arrivare uno starnuto! Mi sforzo in tutti i modi di trattenermi, non voglio annaffiare lo schermo dentro lo scafandro... Uff! Devo essere rosso come un peperone, ma almeno ho evitato il peggio: niente spruzzi ovunque. Lì per lì compare un nuovo messaggio:

«HAI SCELTO DI USCIRE! COMPLIMENTI!»

No! Assolutamente no! Voglio restare! Ma sono legato come un salame e non posso muovermi. Il messaggio ripete in loop le congratulazioni per la mia presunta scelta: mi sta tirando scemo. Poi echeggia un fischio simile a quello di una pentola a pressione. Nello scafandro viene iniettata una specie di nebbiolina. Per quanto inviperito, devo riconoscere che il preparato, diffuso in quel modo, mi tranquillizza molto.

Meno di un minuto dopo, lo schermo e l'intero casco dello scafandro sono scomparsi. Mi rendo allora conto di trovarmi in una stanza di un bianco immacolato. Sulla parete di fondo scorgo una decina di persone. Indossano delle tute integrali con attaccati dei sistemi di respirazione. Ho la sensazione di trovarmi nel bel mezzo di un film di fantascienza.

«Paul? Mi senti? Sei in diretta con lo studio di *Royal Supremacy*! Paul, tutto il mondo ti guarda!»

La voce che mi parla esce da un nuovo schermo, sistemato a circa un metro da me. Vedo un uomo, si trova in mezzo a un palcoscenico di proporzioni smisurate. In un piccolo riquadro riconosco la mia faccia, emerge dal collo dello scafandro in cui sono ancora rinchiuso. Tento di rispondere, balbetto un «buongiorno» poco convincente.

«Paul! Complimenti! Sei il primo partecipante a uscire dal gioco!»

Oltre alla voce del mio interlocutore, sento in sottofondo applausi e grida.

«Perché questa scelta? Alla tua prima vittoria, proprio all'inizio... Non desideravi altra fama, altra gloria, altri soldi?»

«Mi... Mi sono sbagliato...»

«Come dici? Paul, non ti sento».

«Non voglio uscire... Mi sono sbagliato, voglio tornare nel gioco».

«Signore e signori, sta succedendo qualcosa di incredibile! Paul, abbiamo sentito bene? Vuoi tornare nell'inferno di *Royal Supremacy*?»

«Sì».

«Formidabile! Questo è quel che si dice essere coraggiosi! Questo è lo spirito di *Royal Supremacy*! Ma perché una decisione simile?»

In mente non ho altro che il suo viso. Voglio rivederla, rincontrarla. Il mio posto è accanto a lei.

«Paul? Va tutto bene? Perché vuoi restare?»

Rifletto a lungo. Alla fine scovo una risposta da vero figo, o almeno così mi pare. E gliela butto lì:

«È un mio segreto... E non avete ancora visto nulla, potete scommetterci! Parlerete ancora di me!»

Scrosciano gli applausi.

«Credo proprio che ti sia guadagnato qualche nuovo fan, caro Paul».

Subito dopo, il presentatore esce dall'inquadratura e lascia il campo allo spettacolo di una folla sterminata, in delirio.

«Affare fatto, Paul! Non ci deludere, contiamo su di TE!»

INDICE

Fotocomposizione: Alessio Scordamaglia

Finito di stampare
nel mese di febbraio 2019
per conto della Adriano Salani Editore s.u.r.l.
da Grafica Veneta S.p.A. di Trebaseleghe (PD)
Printed in Italy